In diesen Dialogen läßt der kritische Schriftsteller Oskar Panizza (1853—1921) unter Beschwörung des Huttenschen Geistes Staatsanwälte, Pessimisten, Schwätzer und Atheisten gegenseitig zu Wort und sich in die Haare kommen.

Wer ist Oskar Panizza?

Ein deutscher Dichter — ein deutscher Märtyrer ... Wer exemplifizierte dies schrecklicher als Oskar Panizza? (Karlheinz Deschner)

Eingeschlagene Fenster und eingeschlagene Köpfe besagen gar nichts für einen Umsturz: aber es besagt wohl etwas, den Mut zu haben, das Alte herunterzureißen, daß es kracht und dann — dann erst! — etwas Neues aufzubauen ... Wir gedenken des tapfern Oskar Panizza. (Kurt Tucholsky)

Einer der abenteuerlichsten Kampfhähne (Karl Kraus über Panizza)

Der Skorpion im Meßkelch (André Breton über Panizza

Ein häretischer Heiligenbildmaler (Walter Benjamin über Panizza)

Panizza als früher Anatom einer *Gesellschaft ohne Hoffnung* (Heiner Müller)

Panizza hat sich exponiert, wo andere gern im Nebel geblieben sind (Oswald Wiener)

Wir setzen mit dieser Veröffentlichung unsere Ausgabe der Schriften von Oskar Panizza fort. Bisher sind erschienen: *Aus dem Tagebuch eines Hundes* und *Die kriminelle Psychose.*

Der Außenseiter Panizza im Kreise seiner Freunde (v. links nach rechts): Bierbaum, Schaumberg, Panizza, Conrad, v. Gumppenberg, Schaumberger. (Anfang der neunziger Jahre.)

Oskar Panizza

Dialoge im Geiste Huttens

Mit einem Vorwort von
Heiner Müller,
Panizzajana von
Bernd Mattheus
und Beiträgen
im Geiste Panizzas von
Karl Günther Hufnagel
und Peter Erlach

Matthes & Seitz Verlag
München

Dietlindenstraße 14, 8000 München 40. Umschlag unter Verwendung einer Photographie Walo von Fellenbergs, ein Objekt von Markus Raetz reproduzierend. Satz: Fertigsatz GmbH., München. Druck und Bindung: Kösel, Kempten. Printed in Germany. ISBN 3-88221-306-X.

Inhalt

Heiner Müller

Panizza oder die Einheit Deutschlands

Ich erinnere mich: mein erstes Bedürfnis nach der Lektüre von Panizzas DIALOGE IM GEISTE HUTTENS war, das Buch auf die Tischkante zu schlagen und von dem Staub zu befrein, den es einmal aufgewirbelt und der sich auf den Texten abgelagert hat, als der Wirbel nachließ, weil ihm kein Sturm zu Hilfe kam, der aus der Zukunft weht, wie im Fall der größeren Nietzsche und Kafka. Panizza gehört nicht zu den Engeln der Verzweiflung, deren Himmel der Abgrund von morgen ist; er bleibt Fußgänger, seine bevorzugte Kampfweise der Clinch, der Watschentanz die Technik seiner Dialoge.

Das klingt abwertend; es wertet die Gegenstände seiner Polemik ab, Panizza hat wie Lessing bessere Gegner verdient, wen interessiert der Pastor Goeze oder Gottsched, wen die Dreieinigkeit, München, oder das deutsche Volk. Mit dem Unsichtbaren in Panizzas Dialog zwischen dem Materialisten und dem Spiritualisten verhält es sich inzwischen vielleicht genau so. WENN ICH NICHT AN DAS UNSICHTBARE GLAUBTE — AN EINEN URSÄCHLICHEN ZUSAMMENHANG DES REIN PSICHISCHEN, DES NICHT-VERLAUTBARWERDENDEN, DES HINUNTERGESCHLUCKTEN MIT DER FISISCHEN WELT DES SCHLAGENS UND GESCHLAGEN-WERDENS, DES RINGENS UND KÄMPFENS, WENN ICH NICHT WÜSSTE, DASS DAS, WAS WIR IN DEN LETZTEN ZEHN JAHREN HEIMLICH GELITTEN HABEN, IRGENDWO AUFGESCHRIEBEN IST? UND IN IRGENDEINER FORM UMGEMODELT IN DIESER SICHTBAREN WELT WIEDER ALS KAMPF UND RACHE ZUM VORSCHEIN KOMT, DANN HIELTE ICH DAS LEBEN NICHT MEHR FÜR LEBENSWERT UND MÜSSTE VERZWEIFELN AN DEUTSCHLAND. Panizzas Unglück ist das des Propheten, der zu früh vorausgesagt hat: das Kind wird in den Brunnen fallen, wenn nicht ... Jetzt liegt das Kind im Brunnen, man hat sich damit abgefunden, es schreit nicht mehr, treibt keinen Unfug, ist gut aufgehoben, wo es liegt, Wirtschaft, Horatio, Wirtschaft, und die Prognose jetzt nachzulesen,

80 Jahre später, in Panizzas Dialog ÜBER DIE DEUTSCHEN, ist nicht ohne Peinlichkeit. Panizza als früher Anatom einer GESELLSCHAFT OHNE HOFFNUNG, deren Stabilität schon in ihren Gründerjahren gerade auf der Hoffnungslosigkeit beruht (... WAS WOLLEN SIE VON HAUSKNECHTEN? MIT HAUSKNECHTEN HÄLT MAN DEN HOF SAUBER. ABER DEN HOF SELBST ERRINGT DER HAUSKNECHT NIE!), hat den Vorteil des ersten Blicks. In einem Pabstfilm, dessen Handlung im Ersten Weltkrieg spielt, sah ich zum ersten Mal das mechanische Töten: ein Infanterieangriff aus der Sicht des Mannes hinter dem Maschinengewehr, der das Gewimmel der Strichmännchen AUSRADIERT, bevor sie menschliche Gestalt annehmen, und so die Landschaft der Schlacht in ein Stilleben zurückverwandelt. Der Vorgang hat die Unschuld des Kinderspiels. Ich habe das so schlagend nicht wieder gesehn. Mit der Ent-Larvung der Bundesrepublik zum Traditionsstaat, legitimiert durch die ODRADEK-Funktion der Extremisten, (DIE SORGE DES HAUSVATERS, eine Funktion, die vor 100 Jahren mit den Sozialdemokraten, dann mit den Kommunisten, daneben immer mit den Intellektuellen besetzt war) ist das Kontinuum wieder sichtbar geworden: die Bundesrepublik als Rechtsnachfolger des Deutschen Reichs. Eine historisch kurze Zeit lang schien durch die Entgleisung des Faschismus der Zusammenhang dem Blick entzogen. Inzwischen hat sich herausgestellt, daß der Exzeß den Gang der Geschäfte eher befördert hat: der Initiator des Wirtschaftswunders heißt nicht Erhard, sondern Hitler, und es ist schnöder Undank, wenn die deutsche Industrie ihm kein Denkmal setzt. Oskar Panizza ist ein Opfer der deutschen Einheit, kein REICH wollte ihn haben. Einigung ist Ausschließung, Panizza gehört zu den Ausgeschlossenen, ein Spaltpilz und Nestbeschmutzer, Gotteslästerer und Staatsfeind in der Tradition einer Gegenkultur der HALB VERRÜCKTEN Ketzer.

Der Ehrenname PINSCHER, der ihnen in der Bundesrepublik verliehen wurde, steht ihm zu. Ich denke, daß

Baudrillard recht hat, wenn er den Sieg des Terrorismus in der permanenten Störung des Sinnzusammenhangs der bourgeoisen Gesellschaft sieht. Gegen den Terror des COMMONSENSE schreibt die Gegengewalt in den vergifteten Himmel die Kontur einer neuen Vernunft jenseits der Ökonomie. Panizza ist ein Terrorist; wer kein Deutscher werden will, sollte ihn lesen.

panizzajana

zusammengestellt von bernd mattheus

1853 oskar panizza wird am 12. november in bad kissingen als sohn von mathilde panizza, geborene speeth (*8. 11. 1821) und karl panizza (*30. 9. 1808) geboren.
die mutter stammte aus dem hugenottengeschlecht de meslère ab, sie war streng »biblisch-pietistisch-evangelisch« (lippert), schriftstellerte und verkörperte im übrigen wesensmerkmale, die denjenigen ihres mannes entgegengesetzt waren. panizza charakterisiert seine mutter als »jähzornig, energisch«, nennt sie eine »starke willensperson« und bescheinigt ihr eine »fast männliche intelligenz«.
der vater war italienischer herkunft, »bigott römisch-katholisch« (lippert), »er war lebemann im besten sinne, tätig, umsichtig, repräsentierend, lärm und aufsehen erregend, gefallsüchtig, renommierend; alles in großem stil betreibend, nach außen plänereich, erfolg suchend und prahlend; administrator, aber nicht ökonom; stark sinnlich, sehr eifersüchtig, verschwenderisch, wohlwollend, umgänglich, aber auch reizbar, oft bis zum jähzorn aufbrausend, um sich bald zu besänftigen, weder raucher noch trinker, aber spieler« (panizza). als er 1844 mathilde ehelichte, war er pächter des kurhauses in kreuznach.
in seiner selbstbiographie bezeichnet sich panizza von der verwandtschaft seiner mutter her als erblich belastet. von seinen geschwistern – maria (1846–1925), felix (1848 bis 1908), karl (1852–1916) und ida (1855 bis 1922) – seien die beiden jüngeren wie er selbst »melancholischen zufällen« ausgesetzt gewesen, seine schwester ida soll zwei suizidversuche unternommen haben.

1855 am 26. november stirbt panizzas vater an typhus. auf dem sterbebett entbindet er seine frau von der verpflichtung, die kinder katholisch zu erziehen.
mathilde panizza führt von jetzt ab allein den ›russischen hof‹ in bad kissingen, sogar mit mehr erfolg als ihr mann. da sie auch arme speiste, wurde sie einmal wegen »begünstigung der bettelei« mit hausarrest bestraft.
unter den anfeindungen der katholischen kirche verläßt frau panizza mit ihren kindern fluchtartig bad kissingen, um sie im preußischen bei »verschwiegenen leuten« unterzubringen, wo sie den recherchen der kirche entzogen waren. »am hofe des königs in münchen versuchte sie die ausbürgerung zu erwirken, um als ›ausländerin‹ in kissingen in ruhe leben und ihre kinder in ihrem glauben erziehen zu können. doch darauf wurde ein katholischer vormund bestimmt, der die drei versteckten kinder ohne erfolg in frankfurt und münchen suchte.« (prescher).
mit geldstrafen belegt und mit gefängnis bedroht, gelingt es frau panizza erst nach zahlreichen verlorenen prozessen, daß sie vom könig die erlaubnis zur evangelischen erziehung ihrer kinder erhält.
oskar lernt sehr schwer lesen, von seinen geschwistern wird er ›der dumme‹ genannt.

1863 oskar wird nach kornthal (württemberg) in das pietistische institut unter pfarrer staudt geschickt, wo er auf das gymnasium vorbereitet und 1868 konfirmiert wird.

1868 im herbst tritt er in das schweinfurter gymnasium ein. sein quartiergeber, der buchhändler giegler, hält ihn zum lernen und klavierspielen an.

1870 oskar wechselt seinem wunsch gemäß auf ein münchner gymnasium über. er wohnt im pfarrhaus seines onkels franz – panizzas mutter hatte ihren sohn für den beruf des geistlichen ausersehen.
nebenbei erhält er von den professoren schönherr und wollmuth musikunterricht.

1872 panizza will sich gänzlich der musik widmen und verläßt das gymnasium ohne abschluß. er besucht nun das konservatorium für musik, um sich zum sänger ausbilden zu lassen; außerdem erhält er privatunterricht in französisch, stenographie und kaufmännischem rechnen.

1873 unzufrieden mit den leistungen ihres sohnes, nimmt frau panizza ihn im frühjahr des jahres mit nach bad kissingen. da er im elterlichen hotel keine hilfe war, wird er nach nürnberg zu seinem bruder karl in das bankgeschäft bloch geschickt. wegen schlechter führung gewährt man ihm die wiederaufnahme der studien am münchner konservatorium.
panizza wird zum militärdienst eingezogen – einzig die warnungen seiner mutter vor den konsequenzen halten ihn von der desertion zurück.

1874 cholera-anfall im herbst des jahres.
panizza setzt seine studien am konservatorium fort, besucht darüber hinaus philosophische vorlesungen als gast.
das vorzeitige verlassen des gymnasiums bereitet ihm jetzt schwierigkeiten, so daß er privatunterricht zwecks vorbereitung auf die letzte gymnasialklasse nimmt.

1877 abitur an einem schweinfurter gymnasium. aufnahme des medizinstudiums, infektion mit lues. panizza arbeitet als koassistent bei ziemssen, promoviert (*über myelin, pigment, epithelien und micrococcen im sputum*)

1880 mit summa cum laude und erhält im selben jahr die approbation. »nach absolvierung seiner militärischen dienstpflicht als unterarzt im militärlazaret und ernennung zum assistenzarzt II. classe der reserve ging pazient, von ziemßen mit zahlreichen empfehlungen versehen, nach paris, besuchte aber nur wenig spitäler, sondern wante sich dem studium der französischen literatur, besonders der dramatischen, zu ...« (panizza)

1882 nach münchen zurückgekehrt, arbeitet er als assistenzarzt an der oberbayerischen kreis-irrenanstalt unter gudden.

1884 gesundheitlicher gründe und differenzen mit seinem vorgesetzten wegen kündigt panizza seine assistentenstelle.

abgesehen von sporadischen ärztlichen dienstleistungen wendet er sich endgültig der literatur zu. seine mutter, die den hotelbetrieb in andere hände gegeben hatte, kann er dazu bewegen, ihm eine jahresrente von sechstausend mark zu zahlen.

1885–1889 »teils unter nachwirkung einer in der irrenanstalt aufgetretenen gemütischen depression, die fast ein jahr anhielt« (panizza) entsteht der gedichtband *düstre lieder* (leipzig 1886), der von heine beeinflußt sei.

mathilde panizza veröffentlicht im selben jahr unter ihrem pseudonym ›siona‹ *der reichsplan gottes mit den menschen* (stuttgart).

als frucht seines einjährigen englandaufenthaltes und literarischen studien am britischen museum bezeichnet panizza seine *londoner lieder* (leipzig 1887).

nach einem vorübergehenden aufenthalt in berlin veröffentlicht er die gedichte *legendäres und fabelhaftes* (leipzig 1889), »zum teil

die frucht der beschäftigung mit den altenglischen balladen« (panizza).
panizza studiert die italienische sprache und literatur, reist darauf mehrmals nach italien.

1890 die *dämmrungsstücke*, vier fantastische erzählungen, dem andenken e. a. poe's gewidmet, erscheinen in leipzig.

1891 panizza wird von dem schriftsteller michael georg conrad in die im januar 1891 gegründete ›gesellschaft für modernes leben‹ eingeführt. »panizza war ein gern gesehener gast an unserem tische. sein glattrasiertes, sympathisch-offenes gesicht, das manchmal fast apathisch und nichtssagend dreinschauen konnte, belebte sich wunderbar, wenn eine idee ihn anregte, wenn er im gespräche um ausdruck rang. die hellen blauen augen konnten einen dann verteufelt gut anblitzen, und das fast unausgesetzte, jesuitische lächeln seines mundes stand in einem seltsamen kontrast zu den unglaublichen derbheiten und aufrichtigkeiten, die er vom stapel ließ, wenn es ans diskutieren ging. seine anwesenheit verbreitete stets eine behagliche stimmung; man hatte das angenehm-prikkelnde gefühl, neues, kulinarisch reizvoll tolles vorgesetzt zu bekommen. dieser erzgescheite mensch mit dem scharfen blick geistiger überlegenheit und großer welterfahrung, mit dem vitalen gehirn, dem hautgout einer dekadenten weltanschauung und den blasphemischen kühnheiten übte auf uns denselben reiz aus, wie die verbotene lektüre eines boccaccio oder casanova, anno dazumal, als wir noch die schulbank drückten.« (ruch)
im kreise jener münchner zornigen jungen männer hielt er einige vorträge, am 20. märz *genie und wahnsinn*, »die die aufmerksam-

keit der behörden, die feindschaft der ultramontanen presse: ›sozialdemokraten im frack‹ und remonstrazzionen des landwehrbezirks-kommandos zur folge hatten. von letzterem kommando zum austritt aus der ›gesellschaft für modernes leben‹ aufgefordert, weigerte sich pazient und wurde in folge dessen aus seinem militär-verhältnis, in dem er inzwischen zum assistenzarzt I. classe vorgerückt war, mit ›schlichtem abschied‹ entlassen« (panizza).

in der ›gesellschaft‹ und in den ›modernen blättern‹ publiziert er zahlreiche beiträge, in denen er sich in der eigenschaft des wissenschaftlers, des kritikers oder des dichters artikuliert. die veröffentlichung der ›englischen erinnerung‹ *das verbrechen in tavistock-square* (in: *modernes leben.* ein sammelbuch der münchner modernen I) bringt ihm eine anklage wegen »vergehens gegen die sittlichkeit« ein – die anklage wird jedoch zurückgezogen.

1892 das »tragi-humoristikum« *aus dem tagebuch eines hundes*, illustriert mit 36 federzeichnungen von reinh. hoberg, erscheint in leipzig. in diesem dem andenken swifts gewidmeten werk unternimmt panizza den originellen versuch, den menschen aus der perspektive eines tieres zu beschreiben.

1893 veröffentlicht panizza zehn »skizzen und erzählungen«, teils fantastischer, teils satirischer art unter dem titel *visionen;* das e. t. a. hoffmann gewidmete buch wurde im handel fallweise als »sammlung interessanter unterhaltungsschriften« angeboten.

in zürich wird *die unbefleckte empfängnis der päpste* verlegt, panizza zeichnet als übersetzer dieser schrift und erklärt einen fiktiven spanischen ›bruder martin o. s. b.‹ zu ihrem autor; der umschlag trägt die widmung: »zum 50-jährigen bischofs-jubiläum leo's XIII«. zu dieser beißenden satire schreibt panizza: »ein in anscheinend serjösestem stil durchgeführter teologischer versuch, das von pius IX. im jahr 1894 proklamierte dogma der unbefleckten empfängnis der jungfrau maria auf die päpste auszudehnen mit allen embriologischen, antropologischen und teologischen konsequenzen ... diese schrift wurde in folge denunzjation in stuttgart gerichtlich beschlagnahmt und im sogen. objectiven verfahren für das ganze deutsche reich verboten.«

1894 *der heilige staatsanwalt*, eine moralische komödie in fünf szenen (nach einer gegebenen idee).

der teutsche michel und der römische papst, altes und neues aus dem kampfe des teutschtums gegen römisch-wälsche überlistung und bevormundung in 666 tesen und zitaten von oskar panizza, mit einem begleitwort von michael georg conrad. das seiner mutter gewidmete buch wird 1895 beschlagnahmt. im oktober läßt panizza in zürich die ›himmelstragödie‹ *das liebeskonzil* erscheinen, »in dem, unter benützung eines ulrich von hutten'schen zitats, das erscheinen der sifilis in italien zu ende des XV. jahrhunderts, als in folge des lasterhaften treibens am päpstlichen hofe unter alexander VI. erfolgt, in form eines mittelalterlichen ministerjums unter moderner beleuchtung durchgeführt ward« (panizza).

»in diesem werk werden nicht mehr nur polemisch mit hilfe von zitaten glaubenslehren angegriffen, hier wird in einem eindringlichen satirischen kunstwerk eine wuchtige attacke gegen gott geführt, gegen einen altersschwachen, einen rachsüchtigen gott. sicher enthält das buch die wildeste auflehnung gegen gott, die in unserer neueren literatur existiert, und die härteste satire auf die von christen verehrten gestalten. die kühnheit dieses werkes beeindruckte die zeitgenossen; sie sprachen von ›gigantischer gotteslästerung‹, von ›wahrhaft satanischer größe‹ und von ›unflätiger keckheit‹.« (prescher)

1895 am 30. april verurteilt das königliche landgericht münchen panizza wegen eines »vergehens wider die religion, verübt durch die presse« zu einem jahr gefängnis. die von der verteidigung beantragte untersuchung auf geisteskrankheit fällt negativ aus. das gnadengesuch scheiterte am einspruch des amberger gefängnisarztes dr. schmelcher, obwohl die beiden gutachter dr. paul ostermaier und dr. nobiling panizza für unzurechnungsfähig erklärt hatten.

panizza büßt seine strafe in amberg ab, wo er die *dialoge im geiste huttens* (zürich 1897) schreibt, »in denen die besprechung öffentlicher zustände in dem frischen und unschenirten stil der streitschriften zu beginn des XVI. jahrhunderts versucht ward« (panizza).

der illusionismus und die rettung der persönlichkeit, eine max stirner gewidmete und von diesem beeinflußte schrift, kommt in leipzig heraus.

theodor lessing publiziert *der fall panizza – eine kritische betrachtung über ›gotteslästerung‹ und künstlerische dinge vor schwurgerichten.*

von panizzas mutter erscheint in bad kissingen die 3. auflage der *drei brautgeschichten und sonne, stehe still* unter dem pseudonym ›siona‹.

am 11. oktober wird panizzas tragische szene in einem akt: *ein guter kerl* in leipzig uraufgeführt. daß das stück in münchen von meßthaler – zur großen genugtuung seines autors, der ein honorar von tausend mark erhielt – inszeniert worden sei, berichtet lippert. es ist das einzige bühnenstück, das zu lebzeiten panizzas gespielt wurde.

1896 am 8. august haftentlassung. auf wunsch panizzas führt ihn der dekan lippert vor cranachs luther-bild (1525).

in münchen feiern die freunde des schriftstellers dieses ereignis. »etwas blaß und mager war er geworden, doch schien er heiter und guter dinge. im stillen zwiegespräch aber erkannte ich bald den starken wechsel, den die grauen stunden der gefängniszelle hervorgebracht hatten. aus dem denker war ein grübler, aus dem wissenden ein zweifler, aus dem lachenden ein grinsender geworden. seine abgekämpfte stimme und sein umflortes auge standen in erschütterndem widerspruch zu der bowlegeschwängerten atmosphäre und zu der geräuschvollen heiterkeit jener stunden im münchner ratskeller.« (ruch)

am 15. oktober bricht panizza nach zürich auf. nicht ohne sich von münchen und deutschland mit einem kräftigen handschlag zu verabschieden: in der schmähschrift *abschied von münchen* (zürich 1897) geißelt er den katholizismus der münchner; die schrift wird konfisziert und panizza steckbrieflich gesucht. sein züricher verlag veröffentlicht *meine verteidigung in sachen ›das liebeskonzil‹* sowie eine zweite auflage der himmelstragödie, vermehrt durch eine zueignung und ein vorspiel. in seiner autobiographischen skizze schreibt panizza: »noch im gleichen herbst veröffentlichte pazient die sittengeschichtliche studje ›die bayrischen haberfeldtreiben‹ [*die haberfeldtreiben im bairischen gebirge*, berlin 1897] (berlin, s. fischer), in welcher auf wunsch des ängstlich gewordenen verlegers einige stellen des textes wie auch einige verse der im original mitgeteilten ›haberer-protokolle‹, die wenige jahre vorher [1894] vom pazienten in einem aufsatz der ›neuen rundschau‹ (im gleichen verlage) anstandslos veröffentlicht worden waren, durch punkte in dem bereits druckfertigen saz ersetzt wurden.«

1897 die dritte, korrigierte und ergänzte auflage von *das liebeskonzil* erscheint bei schabelitz in zürich.

da schabelitz schwierigkeiten macht, gibt panizza seine während der amberger haft geschriebenen *dialoge im geiste huttens* im eigenverlag heraus (vlg. der zürcher diskußionen). gleichzeitig ruft er die »flugblätter aus dem gesamtgebiet des modernen lebens«, die *zürcher diskußionen* ins leben; die bis 1902 erscheinenden vierzehn hefte (32 nummern) füllt er unter verschiedenen pseudonymen überwiegend mit eigenen beiträgen.

1898 »im folgenden frühjahr schrieb pazjent die politische satire ›*psichopatia criminalis*‹ (zürich, verlag zür. diskussionen) über die verfolgungswut der deutschen staatsanwälte, unter aufstellung einer eigenen politischen geisteskrankheit, die das deutsche publikum ergriffen habe, persiflirt ward.« (panizza) ferner veröffentlicht er seine tragödie in fünf aufzügen: *nero*, ernest renan gewidmet, »dessen ›antechrist‹ für den verfasser bei ausarbeitung seines buches von tiefer und nachhaltiger anregung war«. die tragödie »enthält einige eindringliche und psychologisch genaue szenen vom untergang des kaisers, stellt insgesamt aber doch einen nur wenig bühnenwirksamen historischen bilderbogen dar« (prescher). panizza: »im gleichen spätherbst wurde pazjent angeblich wegen verkehrs mit einer *puella publica*, die just das 15. jahr erreicht hatte – in der schweiz ist der geschlechtliche verkehr mit mädchen unter 15 jahren unter strafe gestellt, außerdem war durch volksbeschluß die duldung der prostitution im kanton zürich aufgehoben – polizeilich ausgewiesen, als ›schmutziges subject‹ in schweizerischen blättern gebrandmarkt, und ihm auf der zürcher polizei-direktion auf erhobene beschwerde gleichzeitig eröffnet, daß mit dieser ausweisung aus dem kanton zürich seine ausweisung aus der gesammten schweiz identisch sei. pazjent antwortete auf diesen gewaltakt in der nächsten nummer der zürischer diskussionen [heft 12: *tolstoi's moral* von fina zacharias. darlegung der umstände gelegentlich der ausweisung panizzas] unter ofner, rückhaltlosester aufdeckung des sachverhalts, der die eigene person und ihren begangenen fehl ohne weiteres blosstellte, gleichzeitig aber auf die höchste stelle in berlin hinwies, deren einflußnahme pazjent bei dem ganzen verfahren verspürt zu haben glaubte«.

1899 in paris setzt panizza seine *zürcher diskußionen* »in verschärfter tonart, besonders auf politischem gebiet«, wie er schreibt, fort. ende des jahres folgt »als frucht zurückgezogensten lebens und unter verwertung der frischesten, besten und unmittelbarsten eindrücke der französischen hauptstadt, die gedichtsammlung ›*parisjana*‹, in der der persönliche widersacher des verfassers, wilhelm II., zum öffentlichen feind der menschheit und ihrer kultur hingestellt, und wobei gedankenfolge und ausdrucksform an schärfe bis zur äußersten ästhetisch zuläßigen grenze ausgenutzt wurden. die schrift wurde, wie vorauszusehen, in deutschland beschlagnahmt, gegen den verfasser erneuter steckbrief erlassen, gleichzeitig aber, was nicht vorauszusehen war, [im märz]

1900 das in deutschland hypotekarisch festgelegte vermögen desselben unter der geschraubtesten motivirung – derselbe habe die flucht ergriffen – konfiszirt« (panizza).

veröffentlicht in der *wiener rundschau* zwei artikel *(brief aus paris. der quatorze juillet* und *arthur rimbaud).*

nach einem jahr sind panizzas geldmittel erschöpft (bzw. er erhält von seinen angehörigen keine unterstützung mehr), so daß er im april

1901 nach münchen reist, um sich dem gericht zu stellen. nach viermonatiger haft wird er zwecks untersuchung seines geisteszustandes für sechs wochen in die oberbayerische kreisirrenanstalt eingewiesen, »dann in einigen wochen nach rücklieferung ins gefängnis ohne jede bekanntgabe eines gerichtlichen beschlußes in freiheit gesetzt. nach zeitungsnotizen und einer mündlichen, nicht weiter kontrollirbaren aussage des I. staatsanwaltes am amtsgericht münchen I, freiherrn von sartor, an eine privatperson war das verfahren gegen den pazjenten zufolge gutachtens des oberarztes der münchner kreisirrenanstalt dr. ungemach wegen geisteskrankheit eingestellt worden« (panizza).

in dem gutachten heißt es u. a.: »*panizza leidet an systematischen verfolgungs- und förderungsideen*, die hauptsächlich auf kombinatorischem wege entstanden sind und *denen er völlig kritiklos und unbelehrbar gegenübersteht: infolge dieser geistigen erkrankung – paranoia – ist sein ganzes denken, fühlen und handeln krankhaft beeinflußt*«.

am 28. august kehrt panizza »mit den nötigen mitteln« (lippert) nach paris (rue des abesses nr. 13) zurück. er gibt dort die letzten vier hefte (nr. 25–32) der *zürcher diskußionen* heraus.

im november endet panizzas publizistische tätigkeit mangels eines druckers. »aber in seiner wahren schreibbesessenheit füllte panizza weiterhin notizbücher. in der handschriftenabteilung der münchner stadtbibliothek sind über 4000 seiten aufzeichnungen verschiedenster art, niedergelegt in heften mit schwarzem leinenumschlag, erhalten. es handelt sich um entwürfe und fragmente von literarischen arbeiten, um kleine essays und um unsystematische niederschriften von gelesenem und geträumtem und gedachtem. der letzte band reicht bis zum 21. 12. 1903. er enthält beispielsweise abhandlungen über die ›dramatische konstruktion‹ und die ›technik des traumes‹, ein wirres dramenfragment über don juan und eine skizze über den ›beginn der religionen‹. es finden sich allenthalben einsprengsel in englischer und französischer sprache, einmal bezeichnet panizza gar die jungfrau maria als seine muse. er äußert sich weiter über die ›räumliche anordnung der psyche‹ und macht bemerkungen über sonne und sexus, über ägyptologie und mythologie, über geschichte und psychologie. diese letzten zusammenhängenden äußerungen panizzas, die zugänglich sind, veranschaulichen deutlich, wie dieses üppig wuchernde gehirn fast mechanisch, wie unter zwang, gedanken produzierte und sich im uferlosen verlor.« (prescher)

die zeitschrift *neue bahnen* bringt einen weiteren *pariser brief* (über die wiedereröffnung der comédie française am 29. dezember 1900) panizzas und druckt *der goldregen* (aus den *visionen*) nach.

1903 im juni des jahres fordert panizza erfolglos von seiner schwester ida geld, um eine villa zu kaufen.

seit november fühlt er sich von ausländischen detektiven schikaniert. die schikanen bestehen »im wesentlichen, unter umgehung von kleinigkeiten, wie auslöschen des herdfeuers, verstopfung des kamins, abschneiden des wassers, beschädigung der wohnungsschlösser in rafinirten, auf peinlichste verletzung des nervensistems berechneten pfeifereien, molestirungen mit allen möglichen die gehörsnerven empfindlichst treffenden instrumenten, die teils von einem haus *vis-à-vis* in der *rue des abbesses*, teils auf der straße, ja sogar stellenweise im wald von montmorency, wohin pazjent regelmäßig jeden sonntag sich begab, auf denselben einwirkten« (panizza). »entstanden sein muß um diese zeit das wahrscheinlich im krieg in berlin verloren gegangene manuskript eines umfangreichen pamphlets mit dem titel ›imperjalja‹.* ein journalist, der das manuskript vor der versteigerung 1928 in münchen gelesen hat, berichtet in den ›münchner neuesten nachrichten‹ vom 24. märz 1928,

* das werk befindet sich in der handschriftenabteilung der bibliothek preuss. kulturbesitz berlin.

es sei 1903 in paris als ›wohl letzte größere arbeit‹ panizzas geschrieben worden und beschäftige sich in ›einer jeden wirklichkeitssinn verleugnenden verbitterung‹ mit kaiser wilhelm II. ›die monstrosität des hasses erfordert eine monstrosität des verhaßten, und panizza konstruiert sie sich unbekümmert um jede wirklichkeit‹, heißt es in dem aufsatz.« (prescher)

1904 »am 21. mai 1904 kam der erste alarmierende brief und am 29. mai schon der zweite an die mutter über das oben erzählte gräßliche auspfeifen durch die polizei. die mutter riet zur nervenheilanstalt boll und schickte ihre enkelin mathilde collard nach paris, den onkel heimzuholen. derselbe wohnte jetzt nicht mehr *rue des abesses 13*, sondern montmartre in einem geringen hause im vierten stock, ließ aber seine nichte gar nicht vor, sie mußte unverrichteter dinge abreisen.« (lippert) am 23. juni reist panizza nach lausanne ab, wo er ebenfalls von pfeifereien heimgesucht wird. am genfer see findet er erholung, bricht jedoch nach acht tagen in richtung münchen auf, da es ihm nicht gelungen war, eine seinen wünschen entsprechende landwohnung zu finden.
um die ihn quälenden akustischen belästigungen als gegen seine person gerichtete feindseligkeiten zu objektivieren, ersucht er die kreisirrenanstalt münchen um aufnahme. er wird abgewiesen, begibt sich jedoch auf anraten des dortigen direktors vokke in die privat-irrenanstalt neu-friedenheim. »doch führte die erkenntnis, daß er hier in nicht miszuverstehender weise schikanirt wurde, zu einer scharfen auseinandersetzung mit dem direktor dr. rehm, im verlauf welcher der letztere den pazjenten aufforderte, die anstalt zu verlassen.« (panizza)

im juli nimmt panizza in der feilitzstr. 59/II. ein zimmer. er besucht seine tante maria, seine vierundachtzigjährige mutter läßt ihn nicht vor. panizza meidet münchens innenstadt, zieht sich in den englischen garten oder in die staatsbibliothek zurück – dennoch fühlt er sich, jetzt sogar nachts, in zunehmendem maße durch das pfeifen terrorisiert.
»nachdem schon in paris einmal, einmal in lausanne und einmal in neufriedenheim selbstmordneigung aufgetreten, erfolgte am 9. october in einem *raptus* von verzweiflung und hofnungslosigkeit nach rascher niederschrift eines testaments der beginn der ausführung einer selbstmordabsicht durch erhängen an einer einsam gelegenen stelle des englischen gartens. doch mutlosigkeit lies im letzten moment den entscheidenden sprung von dem bereits erkletterten baum mislingen und mit tiefster beschämung kehrte pazjent, der 24 stunden keine nahrung zu sich genommen, in seine wohnung zurück. am 19. october griff pazjent zu einem letzten im verhältnis zu dem bereits voraufgegangenen, lächerlich dummen, aber vielleicht in seinen konsequenzen doch wirksamen mittel. nachdem er bereits sechsmal auf seinem weg in die staatsbibliothek und dann auf seinem einsamen spaziergang durch oberföhring und umgebung, in nicht miszudeutender weise angepfiffen worden war, ging er nach hause, kleidete sich bis aufs hemd aus, benutzte die milde witterung und lief nachmittag um 5 uhr im hemd durch die sterneck-maria-josefa-straße in die leopoldstraße, in der absicht, abgefaßt und auf geisteskrankheit verdächtig in eine öffentliche anstalt gebracht und dort von

sachverständigen untersucht zu werden: so das erreichend, was er 3 monate vorher in der oberbairischen kreisirrenanstalt vergeblich erstrebt hatte. der coup gelang. ergriffen und in ein nächstes haus geführt, gab er dem herbeieilenden schendarm einen falschen namen, ludwig fromman, stenograf aus würzburg, an. es wurde ein sanitätswagen requirirt und pazjent auf die polizei gebracht, wo derselbe nach kurzem examen durch den herrn bezirksarzt, auf die irrenstation des städtischen krankenhauses l/i überführt wurde.« (panizza)

1905 seit 5. februar lebt panizza mit seinem einverständnis in der nervenheilanstalt des dr. würzburger namens herzogshöhe bei bayreuth.

28. märz: entmündigungsverfahren vor dem amtsgericht münchen I, in welchem panizza von den gutachtern dr. gudden und dr. ungemach im sinne des bürgerlichen gesetzbuches für geisteskrank erklärt wird: »dr. panizza hat durch sein verhalten in den letzten jahren zur evidenz bewiesen, daß er in seinem ganzen tun und treiben von systematisierten wahnvorstellungen der verfolgung geleitet ist, daß er infolge der wahnvorstellungen wiederholt seinen wohnsitz änderte, seine lebensweise zu der eines heimatlosen, abgehetzten flüchtlings gestaltete, *der kaum noch zu essen wagte, in jedermann seinen feind erblickte*, alle vorgänge in krankhaftem sinne auffaßte und verarbeitete« (dr. gudden); dr. würzburger teilt die ansicht seiner kollegen. während seiner einvernahme durch den richter trägt panizza seine krankheitsgeschichte, die *selbstbiographie* vor, worin er von sich in der dritten person redet und sich ausschließlich als »pazjent«

bezeichnet und »in die er nur als neu eingefügt hatte, daß der kaiser tot sei und ein figurant ihn vertrete, und daß der reichskanzler bülow mit dem französischen minister delcassé einen handel zu ungunsten panizzas abgeschlossen hätte« (lippert).
panizza wird unter vormundschaft seines bruders felix und des justizrates popp, münchen (als vermögensverwalter), gestellt, wogegen er ohne erfolg protestiert.

1906 »die letzte datierte aufzeichnung panizzas in der stadtbibliothek münchen ist ein zettel, auf dem er in form einer zeitungsmeldung geschrieben hat, am 4. september 1906 seien ›wilhelm II., könig von preußen‹ und ›charlotte, erbprinzessin von meiningen‹ durch ›erhängen vom leben zum tode befördert‹ worden. wilhelm sei stumm gestorben, wohingegen besagte charlotte bis zum letzten augenblick ›sau panizza‹ gerufen habe.« (prescher)

1907 im oktober ersucht die familie panizzas den evangelischen dekan lippert um aufnahme des schriftstellers in sein haus. lippert lehnt ab, übernimmt aber auf wunsch der familie im märz

1908 – nach dem tode von felix panizza – dessen gegenvormundschaft.

1910 die letzte arbeit von mathilde panizza, *wie dünket euch um christus?*, erscheint in münchen.

1913 *das liebeskonzil*, mit federzeichnungen von alfred kubin, wird nach der letzten auflage von der gesellschaft der münchner bibliophilen in fünfzig exemplaren ediert.

1914 *visionen der dämmerung*, eine sammlung der erzählungen aus *visionen* und *dämmerungsstücke* (ohne *die menschenfabrik*, sowie die erzählung *das verbrechen in tavistock-square*)

erscheint bei g. müller (gallerie der phantasten bd. III) in münchen. einleitung: hannes ruch. ein teil der auflage enthält 16 bilder von p. haase und einen *epilog* von hanns heinz ewers, in welchem dieser berichtet, daß er sich bei der familie panizzas vergeblich um die herausgabe seines gesamtwerkes bemüht habe.

1915 13. august: panizzas mutter stirbt im alter von vierundneunzig jahren in münchen. dekan lippert beerdigt sie am 16. august in bad kissingen.

lippert tritt in den ruhestand und läßt sich seines mündels wegen in bayreuth nieder. lippert, der bei panizza predigtgottesdienste veranstaltet, berichtet über dessen literarische tätigkeit in der anstalt: ». . . die vielen diarien, die er schrieb aus bibel und welt, wurden immer verwirrter, lasziver und hörten in den letzten jahren ganz auf. er hatte noch ein werk schreiben wollen: ›die geburtsstunde gottes, ein mitologischer ziklus im sinne des sonnen- und mondlaufes‹, aber das wissen dieses alleswissers wurde in seinen tagebüchern zu einem hexenbräu von bibel, mythe, sagen, geistern, pornokratie, philosophie, wagner, mord und totschlag in deutscher, englischer, französischer und italienischer sprache«. panizza sei menschenscheu gewesen, habe fremde besucher oder geschwister nur widerstrebend empfangen, wogegen walter mehring (*die verlorene bibliothek*, münchen 1964) von einem besuchsverbot spricht, niemand hätte panizza besuchen dürfen.

»bis zum weltkrieg las er täglich das französische ›journal‹ und sprach bei halluzinationen nur französisch. den weltkrieg verstand er nicht mehr. er sprach mit den ärzten gar nicht oder schimpfte nur über sie. mit den pflegern sprach er wenig, mit den patienten nach laune. in der umgebung der hoffnungslos kranken fühlte er sich wohler als bei den heilbaren.« (lippert)

1921 am 28. september stirbt panizza an wiederholtem schlaganfall. am 30. september wird er in anwesenheit des dekans lippert und des anstaltspersonals auf dem städtischen friedhof beerdigt. lippert pflanzt auf sein grab eine zypresse, gemäß eines gedichtes, das panizza für sein grab verfasst hatte: »pflanzt auf mein grab die bittere zypresse, die rose nicht, denn bitter war das leben mir«.

1923 die zweite auflage der *visionen der dämmerung* (7.–11. tausend) erscheint bei g. müller, münchen.

1926 im verlag horst stobbe, münchen, erscheint dekan lipperts gedenkschrift *in memoriam oskar panizza* in einer auflage von 500 exemplaren.

1929 *aussprüche*. veröffentlichung der panizza-gesellschaft. berlin.

kurt tucholsky (und nach ihm die 1928 gegründete panizza-gesellschaft) bemüht sich um eine gesamtausgabe der panizzaschen werke, die erbin, eine schwester panizzas, verweigert jedoch ihre zustimmung (vgl. tucholskys aufsatz: die lücke im urheberrecht – die erben panizzas vereiteln die herausgabe des nachlasses. *die literarische welt*, 2–8–1929).

1940 *deutsche thesen gegen den papst und seine dunkelmänner* (im sinne der nazi-ideologie zusammengestellte auszüge aus *der teutsche michel und der römische papst*). berlin.

1960 *le concile d'amour* – tragédie céleste, traduit de l'allemand par jean brejoux, augmenté d'une préface par andré breton, suivi d'une postface par le traducteur, d'une autobiographie et d'une défense de l'œuvre par l'auteur. j.-j. pauvert, paris.

1962 le crime de tavistock-square. un chapitre de la médecine pastorale. traduit par jean brejoux. *la brèche* (paris) nr. 3
das liebeskonzil (faksimiledruck der erstausgabe in 300 exemplaren). glücksburg. diese ausgabe wurde beschlagnahmt.

1964 het liefdesconcilie. een hemelse tragedie in vijf bedrijven. uits het duits door yves van domber. *randstad* (amsterdam) nr. 7
hans prescher gibt die auswahl *das liebeskonzil und andere schriften*, luchterhand, darmstadt, heraus.

1966 wilhelm lukas kristl ediert in 500 exemplaren ein faksimile der originalhandschrift von *laokoon oder über die grenzen der metzgerei, eine schlangenstudie* (münchen).

1969 jorge lavelli inszeniert am théâtre de paris *das liebeskonzil*. als die studiobühne an der münchner universität wenig später dasselbe stück aufführt, wird ihr vom asta finanzielle unterstützung versagt.

1970 13. märz: oswald wiener liest während einer veranstaltung mit brus und rühm aus panizzas *psichopatia criminalis* (club bastion, kirchheim-teck).

1971 brown, p.d.g., *doghouse, jailhouse, madhouse: a study of oskar panizza's life and literature*, diss., columbia-univers., new york.

1973 *das wachsfigurenkabinett*, in: *prosa des naturalismus*, hrsg. von gerhard schulz, reclam, stuttgart.

1976 *das liebeskonzil*, hrsg. von hans prescher (enthält panizzas *meine verteidigung in sachen das liebeskonzil* und andere dokumente, ein nachwort von hans prescher: *hinweise auf leben und werk oskar panizzas* sowie eine bibliographie bis 1964), fischer taschenbuch verlag, frankfurt.

1977 *das verbrechen in tavistock-square*, in: marie madeleine, *die rote rose leidenschaft*, matthes & seitz (kultur-kuriosa 1), münchen.
aus dem tagebuch eines hundes (faksimiledruck der edition von 1892), mit einem vorspann für leser von martin langbein und mit zeichnungen von r. hoberg, matthes & seitz (kultur-kuriosa 5), münchen.

1978 *die kriminelle psychose, genannt psichopatia criminalis, hilfsbuch für ärzte, laien, juristen, vormünder, verwaltungsbeamte, minister etc. zur diagnose der politischen gehirnerkrankung* mit texten von bernd mattheus, oswald wiener und gerd bergfleth, matthes & seitz (Kultur-Kurioso 9), münchen,

1979 *l'immaculée conception des papes, j.-j. pauvert, paris. un scandale au couvent*, nouvelles, choisies par jean bréjouxc, les éditions de la différence, paris.

literatur

galle, h.: *oskar panizza*. anabis, magazin für utopie und phantastik, nr. 25:200–228, berlin, dezember 1970.

langbein, m., *einige ungeordnete notizen zu oskar panizza*, unveröffentlichtes typoskript, 1977.

lippert, f., *in memoriam oskar panizza*, münchen 1926; darin: *dr. oskar panizzas lebensgang/1853–1921* mitgeteilt von dekan friedrich lippert; panizza, *die selbstbiographie* [17. november 1904]; *aussagen der ärzte über panizzas geisteskrankheit; aus den schriften von panizzas mutter;* horst stobbe, *oskar panizzas literarische tätigkeit* [bibliographie bis 1919].

ruch, h., *wer ist oskar panizza?*, in: panizza, *visionen der dämmerung*, münchen 1914.

Dialoge

im Geiste Hutten's.

Ueber die Deutschen.
Ueber das Unsichtbare.
Ueber die Stadt München.
Ueber die Dreieinigkeit.
Ein Liebes-Dialog.

Von

Oskar Panizza.

Zürich
Verlag der Zürcher Diskußionen
1897.

Vorwort.

Auch dies ist ein Gefängnisbüchlein.[1]) Und auch hier will ich, wiewol ich jezt vielleicht Manches zu ändern geneigt wäre, nichts ändern, damit man einmal sehe, wie sich unser herliches Deutschland, in dem sich gerade jezt die unglaublichsten Bewegungen gegenseitig konterminiren, vom Gefängnis aus ausnimt, und in den Augen eines Deutschen, der gerade seines Deutschtums halber — seiner Ideen wegen — in's Gefängnis kam.

Zürich, 27ten April 1897.

Oskar Panizza.

[1]) Siehe: Vorrede zu „Ein Jahr Gefängnis". Zürich, J. Schabelitz, 1897.

Zueignung.

Nimm Deutschland diese wen'gen Blätter
— ich rufe Dich als Muse an,
denn Gott und alle andern Götter
sind heute für uns abgetan.
Ein Hutten konte seinem Kaiser
noch offenbar'n sein Herzeleid;
kein Dichter würd' es heut', kein Weiser,
kein Deutscher sich's getrauen heut':
Wir sind verwundet bis zur Fiber
— getrieben hat man es zu bunt —
Ergriffen sind wir All' vom Fieber,
getreten Alle wie ein Hund . . . .
Nimm's nicht als Unglük, als Verhängnis,
wenn Dich beleidigt dies und das,
ich komme grad' aus dem Gefängnis,
und meine Wimper ist noch naß.

Regensburg, 8ten August 1896.

I.

Ueber die Deutschen

zwischen einem Optimisten und Peßimisten.

Erster Dialog.

Optimist.

. . . .

.. Doch dürfen Sie nicht leugnen, daß die Deutschen im Aufsteigen begriffen sind!

Peßimist.

Ich weiß nicht — ich weiß nicht! — Es ist die Geschichte wie zwischen den Medern und Persern. Die Perser besiegten die Meder, und dann sagten die Meder, sie seien auch Perser, und die Perser sagten, sie seien auch Meder, und so schmolzen sie zusammen. Faktisch aber waren es Meder und Perser.

Optimist.

Item — wenn sie nur vorwärts kommen.

Peßimist.

Ob sie vorwärts kommen, — ich weiß nicht. Ich meine, es ist zu spät.

Optimist.

Wie so: zu spät?

Peßimist.

Meinen Sie, daß ein Volk, welches Jahrhunderte lang gefrondet wurde, und in der Fron sich wol befand, jemals aus eigenem Antrieb den Blik zum Himmel erheben werde, jemals den Kopf aufrecht tragen lernen werde? Daß aus Aegiptern jemals Römer werden?

Optimist.

Was hilft es jezt noch, posteriore Betrachtungen anzustellen! Unsere Vergangenheit ist wahrhaftig nicht rühmenswert. Erfreuen wir uns des Errungenen und bliken nach Vorwärts. Haben wir nicht die Franzosen niedergeschlagen?

Peßimist.

Ja, in der Fron.

Optimist.

In der Fron haben die Römer auch ihre Schlachten geschlagen.

Peßimist.

Ja, aber wenn sie nach Hause kamen, zogen sie auf den mons sacer, stürzten den Senat oder senkten ihre Dolche in die Brust Cäsars und kämpften für die Freiheit.

Optimist.

Freiheit ist ein sehr abstrakter Begriff. Nicht für jede Nazion paßt sie, und nicht für jede Nazion in gleichem Maase. Deutschland, dieses trefliche Volk, dieses in der Sittigkeit den Anderen voranleuchtende Volk, begnügte sich immer mit einem bescheidenen Maas und gedieh.

Peßimist.

Davon red' ich ja: Deutschland befand sich immer wol in der Fron.

Optimist.

Sind die Deutschen je ärger geknechtet worden, als die Franzosen unter Ludwig dem Vierzehnten?

Peßimist.

Ja, aber als es ihnen zu stark wurde, drehten sie den Spies um, köpften den König und errangen sich die Freiheit — — — und ....

Optimist.

Und?

Peßimist.

Der nächste war dann vorsichtiger.

Optimist.

Sie geben also implicite die Woltätigkeit einer monarchischen Regirungsform zu?

Peßimist.

Ich gebe implicite die Woltätigkeit einer monarchischen Regirungsform zu — wenn hinter dem Volk der Scharfrichter steht.

Optimist.

Würde in einem solchen Fall — würde in diesem äußersten Fall — würde in einem solchen verzweiflungsvollen Fall — ich meine: käme es dazu, daß der Monarch, von allen guten Geistern verlaßen, frevelhaft in den Eingeweiden des Volkes wühlte — das heißt: geschähe es, ohne daß die Annahme eines göttlichen Strafgerichts das ganze Vorgehen in einem anderen Lichte erscheinen ließe — würde unter solchen exzepzionellen Umständen — die Gott verhüte — und wobei auch noch die Annahme einer Geistesstörung in dem erlauchten Haupte ausgeschloßen sein müßte — würde bei dem Zusammentreffen solcher ganz verzweifelter Bedingungen ....

(Wagt den Saz nicht zu Ende zu führen, schaut sich ängstlich um.)

Peßimist.

Haben Sie keine Furcht! — Hier hört Sie Niemand! — Auch brächte aus Ihrem Perjoden-Bandwurm kein Henker auch nur den Schwanz eines dolus eventualis zusammen .... Hier liegt der einzige Wert der deutschen Sintax .....

Optimist. (vollendet)

.... würde sich nicht auch hier ein deutscher Danton finden?

Peßimist.

Bis jezt haben die Deutschen vom Köpfen leider immer nur die paßive Form: das Geköpft-Werden kennen gelernt.

Optimist.

Aber kam es auch hier zu solchen Ausbrüchen frevelhaften Uebermutes wie unter den französischen Ludwigen?

Peßimist.

Was? Soll ich Ihnen einen Exkurs aus der deutschen Geschichte geben? Kennen Sie nicht die schönen Studien „Versailles in Deutschland?" Nicht die lieblichen Fürstenhengste August der Starke, Herzog Carl von Würtemberg, Markgraf Alexander von Ansbach, und wie sie alle heißen? Kennen Sie nicht die Jagdgebiete der Aurora von Königsmark, der Franziska von Hohenheim, Lady Craven und anderer, wo die aufgestöberten, im Nez hängen gebliebenen deutschen Bürger froh sein mußten, wenn nicht den Kopf zu verlieren, auf ewige Zeiten in finstere Kerker zu wandern? Wußten Sie, daß damals auf Gedanken Totesstrafe stand? Und die Bürgerinnen, — wißen Sie nicht, daß sie sich glücklich schäzen mußten, in das Hof-Bordell des Durchlauchtigsten aufgenommen zu werden, und es sich zur Ehre rechneten, öffentlich die Bordell-Farbe des Fürsten — in Württemberg war's himmelblau — tragen zu dürfen? Nein: daß dieser zum Gottes-Begriff der Geilheit emporgeschraubte Carl, der Würtemberger, nicht zufrieden, die jungen Frauen seiner Untertanen heimlich zu Mätreßen zu haben, sich an der Schande, an der ohnmächtigen Scham, an der knirschenden Wut der respektive Ehegatten in deren Beisein sich weidete, ja, zulezt, nur deswegen entehrte, um diesen Kizel zu haben? — Was? — Was? — War das nicht sublimirte Geilheit, fürstliche Transzendentalität? — Und von Schubart wißen Sie nichts? — Und von Schiller, der in seiner „Kabale und Liebe" das eitrige Gehirn dieser deutschen Fürsten zum Stinken brachte, — der knapp der Erdroßelung entging? — Wie? — Was sagen Sie? — Wär's da nicht Zeit gewesen, das Köpfchen dem Herrn abzunehmen?........

Optimist.

Um Gottes Willen hören Sie auf! — Unser herliches deutsches Volk! — Die Mätreßen-Wirtschaft, sie war ja nur eine französische Erfindung, nichts entfernt Deutsches, — ich bitte Sie, unser herliches, deutsches Gemüt, unser herliches, deutsches, monogames Gemüt!

Peßimist.

Gewiß, sie war nur eine Mode, eine Krinolin- oder Hut-Form. Und ich glaube, weil sie den Deutschen nicht stand, meinten sie durch Utriren, durch Pestiferiren und Stänkern die Sache ihren Untertanen begreiflich zu machen. Aber, daß Diese die Sache gutirten, schmakhaft fanden, einer ihnen von Haus aus ganz heterogenen Sache bei sich Zugang gewährten, sie bewunderten, hier liegt es — woher kommt das? ......

Optimist.

Ja, woher mag das kommen?

Peßimist.

Ich weiß nicht. Einmal muß das anders gewesen sein. Tazitus kent die Deutschen von der Seite nicht. Zwischen Tazitus und Gregor VII muß etwas über sie gekommen sein, ein Einfluß, ein verschleimendes Gift, welches die harten, kantigen Teutoburger zu Feiglingen, zu Sentimentalen machte. Am Ende das Christentum, He? —

Optimist.

Um Gotteswillen!

Peßimist.

Damals lehrte sie ein Papst, dieser Gregor, daß die Ehe etwas Schimpfliches, und das Konkubinat, wenn man es durch das Mönchsglas des Christentums betrachte, etwas Anständiges sei. Vielleicht komt es daher. Wenigstens schlugen damals die Deutschen ca. 11,000 ihrer geistlichen Mitbürger tot, weil sie verheiratet waren. Damals muß doch ihr „monogames Gemüt", wie Sie sagen, ziemlich konkubinatorisch geworden sein.

Optimist.

Es war die deutsche Seele, die der Idee unterlag.

Peßimist.

Ja, leider haben die Deutschen nur eine Seele, statt zwei, wie die Franzosen und Italjener. Als die Deutschen die christliche Idee aufnahmen, wurde die ganze Seele christlich, feig, zerknirscht, hündisch, erbärmlich. Die französische Seele wurde auch christlich, aber dahinter kicherte der gallische Rest, der französische Dämon; und bei den Italjenern blökte die erotische Bestie, ihr Boccaccio. Deshalb wurden die Italjener und Franzosen außer Christen auch Nazionen; die Deutschen aber wurden nur Christen, und das war für die großen Welt-Entscheidungen zu wenig.

Optimist.

Und doch haben sie eingeholt, was einzuholen war, und sind, nach Allem, wie es scheint, eine Nazion geworden.

Peßimist.

Ja, unter der Fron. Unter den Fürsten. Unter der Sugestion der Knute. Nehmen

Sie die Fürsten weg und es bleibt eine hülflose Maße, hülfloser wie ein Kind.

Optimist.

Sind sie nicht glücklich?

Peßimist.

Eminent glücklich. Hier liegt's ja eben. Das Kindische. Das Tölpelhafte. Sie sind in der Fron glücklich und merken's nicht. Wie der Nigger auf den Reisfeldern beugen sie den breiten Rücken unter der Peitsche des Aufsehers und fletschen noch humoristisch den Paßanten an, der an ihnen vorbeigeht. . . . . Sehen Sie, das dike Kinn, die vorgewölbte Kinnlade des Negers, das Tierische, finde ich bei den Deutschen unsichtbar so mächtig entwikelt, und daneben eine Porzion Gutmütigkeit und Humor, die ihnen hinten im Naken sizt und die Haare zu der kurzen Stirn hereinkräuselt.

Optimist.

Kann man denn mehr wie glücklich sein auf dieser Welt, sei's unter Bedingungen, unter welchen nur immer?

Peßimist.

Kann man mehr wie glücklich sein?!...... Wo wollen Sie denn, daß dieses ewig Kinder-gebärende, lümmelhafte Hausknechtsvolk hinaus soll? — Sehen Sie sich doch die geografische Lage dieser zusammengekeilten Raße an! Wenn Die sich hätten Plaz machen können, sich Rückenfrei machen, sich Seitenfrei machen, wenn Die die Idee des Sich- Plazmachens auf dem Lande so zu faßen im Stande gewesen wären, wie die Engländer zur See, die wären längst an's Meer vorgerükt, wenn Deren Geist so helle gewesen wäre, wie ihre Muskeln dik, die hätten sich längst das Abendland erobert, das feste Land — aber was wollen Sie von Hausknechten? Mit Hausknechten hält man den eigenen Hof sauber. Aber den Hof selbst erringt der Hausknecht nie!

Optimist.

Wer sind die Hausknechte?

Peßimist.

Nun, ich sprach oben von den Medern und den Persern. Reden wir Deutsch, da sich's zufällig um Deutschland handelt. Wer sind sie, diese nordischen Perser, die die Hegemonie an sich gerißen haben, woher kommen sie, diese Norddeutschen? Kommen sie nicht aus dem Osten? Sind sie nicht Steppen-Söhne? Kommen sie nicht aus dem Lande der Knute? Woher sollen Die Herrschersinn haben? Können Sie nicht in deren Familienbüchern noch die Striemen verzeichnet finden, die ihre — „Ahnen" aufgezählt erhielten? Woher sollen Die den Kopf hoch tragen? Die glücklich waren, von ihres Fürsten Roßeshufe den Staub leken zu dürfen! Gehen Sie nach Berlin! Was sehen Sie dort? Ist es nicht der asiatische Ton, der dort herscht? Der Ton des „Väterchens"? Die Kniebeugung vor dem Mufti? Mukte Berlin jemals auf vor seinem Fürsten? Was ist das Höchste, was Berlin leistet? Eine Zote, oder ein schmuziges bon mot über Ihn, das wie eine Schmeißfliege von Wand zu Wand pralt und den Leuten um die Ohren schwärmt. Das ist immer so: wem die Hände gefeßelt sind, dem schlägt sich die Wut ins Gehirn. In Berlin werden täglich

40,000 Majestätsbeleidigungen begangen — im Flüsterton. Sonst verständigen sie sich politisch durch Zeichen und Fisematenten. Erscheint Er aber, dann regt sich in ihnen das asiatische Geblüt und sie stürzen zu Boden und küßen des Roßes Hufen. Sind es keine Hausknechte? Wollen Sie mit diesen Leuten die Welt erobern? Hat ER nicht Recht, ihnen die Knute überzulangen?....

Optimist.

Und das sagen Sie dem deutschen Volke?!

Peßimist

(hält ihm den Mund zu).

Um Gotteswillen sind Sie vorsichtig! Sie haben den Dativ gebraucht. Sie haben gesagt: dem d........ V....! Der Dativ ist verboten. Im Wem-Fall ist das deutsche Volk beschimpft. Der Dativ ist in patriotischer Selbsthuldigung verboten. Im Dativ muß sich das deutsche Volk beschimpft erachten. Gebrauchen Sie lieber den Accusativ, den anklagenden Fall. Oder den Vokativ: O armes deutsches Volk! das Flennen war ja den Deutschen immer näher gestanden, als das Handeln.

Optimist.

Nun, und die Süddeutschen? Die echten Deutschen, die Erbgeseßenen?

Peßimist.

Ach die armen Meder. Die geschlagenen, melancholischen Meder. Sie sind nicht beßer dran. Was ihnen noch die Hunnenkämpfe und Kreuzzüge an Lebens-Mark übrig gelassen haben, was ihnen der 30-

jährige Krieg nicht abgenommen, hat ihnen der Katolizismus aus den Knochen gesaugt. Die sind müde und sentimental. Wenn sie der Staat koramisirt, singen sie „Röslein, Röslein, Röslein roth!" legen sich am liebsten in's Bett und schlafen.

Optimist.

Und das ist das Prognostikon, das Sie den Deutschen stellen? Verzweifeln Sie denn, daß es nicht auch zu unserer Zeit Männer geben wird, die aufstehen werden und die Maße mit sich fortreißen? Ich gebe zu, die Maße ist in Deutschland schwer beweglich. Sie ist wie Asfalt. Aber Asfalt brent. Denken Sie an Leute wie Hus, Luther, Kant, Laßalle....

Peßimist.

Ja, die waren aber halb verrückt. Das war das Gute. Die Psichiater haben Luther für geisteskrank erklärt, er hatte Hallu-zinazionen und warf das Tintenfaß nach dem Teufel. Die Anderen haben ihre Simptome wohl verborgen. Kant sagte, er könne nicht das Lezte sagen, was er denke. Das ist mit all' diesen Menschen so. Ein Deutscher wird immer das Höchste leisten von dem Moment an, da er geistig erkrankt bis zu seiner Einschaffung in's Irrenhaus oder seiner Verblutung auf dem Schafott. Luther hatte eminentes Glück. Auch war die früher bestandene Kleinstaa-terei der eigentümlichen Befähigung der Deutschen, sich geistig zu äußern, günstiger, als heute. Man lief von einem Fürsten zum andern. Hier schrieb man wie Schu-bart eine Satire auf die Mätreße des Er-lauchten, mußte flüchten, lief in den nächsten Staat zum Fürsten B. Dieser nahm Einen mit offenen Armen auf, gab Einem zu eßen und man durfte — wie Schiller — ein neues Drama — auf den Fürsten A. schreiben. Dann fiel man in Ungnade, flüchtete wieder, lief zum Fürsten C. Der rieb sich die Hände, man bekam wieder zu eßen — eventuell sogar, wie Hutten, die Dichterkrone — und man schrieb einen neuen „Dialog," oder eine „Trias Romana" gegen den Papst, gegen den Kaiser oder gegen den Fürsten B. So hezte man die 36 Potentaten durch — und der Genius siegte.

Optimist.

Haloo! Haloo! Hopla! Was sagen Sie da? Sakerlot. Ist das Literaturgeschichte? Oder ist das Reformazionsgeschichte? ....

Peßimist.

Nun, ging es mit Luther anders? Heute bettelte und sang er vor den Fenstern der Reichen, morgen nagelte er an Kirchentüren, übermorgen zerrißen in den Händen von Studenten, dann zwischen Konzil, der Wartburg, den Legaten, seinem Fürsten, dem Kaiser, dem Papst, seinem Orden hinundhergeworfen, geängstigt und gebant, schwindelte und drükte er sich sozusagen zwischen allen diesen Faktoren durch — heute mit Bigamie-Konsensen morgen mit Bauern-Anatemen — und kam, hin- und hergeschüttelt von seinem Jähzorn und seinen Visionen, nachdem er diese zähe Asfalt-Maße der deutschen Gehirne in Brand gestekt hatte, faktisch ungeköpft unter die Erde.

Optimist.

Herr Gott! — Herr meines Lebens! — Es waren eben schwere Zeiten. — Aber er kam durch! — Warum soll heute nicht Einer durchkommen?

Peßimist.

Heute?! — Heute, wenn Einer einen freien Gedanken ausspricht, bleiben ihm nur drei Wege: Irrenhaus, Gefängnis oder die Flucht. Bekent er sich offen zur Geisteskrankheit, so drückt der Bezirksarzt ein Auge zu und — er verschwindet. Ist er hartnäckig und bleibt auf seinem Verstande stehen, dann nimt das Gericht seinen Lauf und — er verschwindet. Verläßt er das Land des Asfalts, bevor ihm die Schuhsohlen verbrennen, so schließt sich hinter ihm die Barriere und — er verschwindet.

Optimist.

Und doch — und doch — kann ich nicht sagen, daß das Alles vergeblich sein soll. Nichts verschwindet auf dieser Erde. Es gibt gar Nichts, das ganz vergeblich gewesen wäre. Die Kosmologen sagen, daß nichts auf unserem Planeten vor sich geht, was nicht irgend eine Wirkung hervorbrächte. Der Stein in's Waßer geworfen zieht seine Wellen und trift den schwankenden Kahn am andern Ufer, wo die süße Schifferin träumt. Ein Schrei von dem Gefeßelten, bevor er auf immer in dem dunkeln Tor des Gefängnißes verschwindet, trift die Außenstehenden, die Zuschauer, die Helfer, und der dumpfe Laut sezt sich bei ihnen fest. Dieser Schrei tausendmal wiederholt wird endlich Einen zur Vernunft bringen und in ihm den rettenden Gedanken entzünden. Und wenn es die Irrenwärter und Gefangenen-Aufseher sein solten: Einer wird sich finden. Und wenn sie es nicht sind, dann werden die Steine der Gefängnismauern schreien. Im alten Nürnberg war es der Scharfrichter, der sich schließlich weigerte, die Leute lebendig zu begraben; weil er für seine Seligkeit fürchtete. Jezt fingen die Juristen zu denken an, und das Lebendig-Begraben hörte auf. Zur Zeit der Hexenverbrennungen war es ein Rheinischer Arzt, der zuerst erklärte, die Teufelsbündniße seien eine Sache, die nur in unseren Köpfen existire. Jezt fingen die Juristen zu denken an, und die Hexenverbrennungen hörten auf. Ende des vorigen Jahrhunderts, als die großmächtige Kaiserin Maria Theresia das Tortur-Recht, ihre „Constitutio criminalis Theresiana" zum so und so vielten mal auflegte, entrang sich dem Wiener Volk beim Anblik dieser Zeichnungen und Muster zum Händeabschneiden, Zungenausreißen, Reken und Streken ein einziger Schrei des Schauderns gegen den blauen Himmel hinauf. Jezt fing die Kaiserin und die Juristen zu denken an, und die „Constitutio criminalis Theresiana" wurde unterdrückt .... Solte sich denn am Ende des 19ten Jahrhunderts Niemand in Deutschland finden, der den Schrei ausstieße, um das Lebendig-Begraben der Dichter, Schriftsteller, Schurnalisten, Künstler, Politiker, Teologen — mit einem Wort, der ehrlichen Leute zum Aufhören zu bringen? ....

Peßimist.

Mein Freund, — Sie werden warm! — Sie fallen aus Ihrer Rolle. — Sie haben hier den Optimisten zu spielen! — Sie nehmen mir ja die besten Sachen weg! — Auch kommen Sie auf's Politische — nehmen Sie sich in Acht.

Optimist.

Ich kann die Zukunft nicht so schlimm ansehen wie Sie. Einmal wird auch für Deutschland der Moment kommen, wo es in geistiger, in politischer, in sozialer Beziehung nicht immer hinter den andern Nazionen dreintrampelt.

Peßimist.

So lange es seine Nahrung aus Rußland bezieht, das Schema seiner imperatorischen Behandlung des Volkes von den Asiatischen Steppen sich holt, kann ich auf Nichts rechnen, kann ich keine Beßerung erwarten.

Optimist.

Die anderen Abendländischen Nazionen sind vorauf gegangen; seine Vettern, die Engländer, die Amerikaner haben sich längst die Freiheit erfochten, soll denn nicht auch hier einmal die Morgenröte aufleuchten? . . . .

Peßimist.

Deutschland ist noch wie ein erst halb entwöhntes Kind, mit den Füßen, mit dem Leib stekt es tief in dem Asiatischen Mutterlande; den Kopf nur strekt es in die neue Welt, mit den Armen erreicht es das Meer der Freiheit und Unendlichkeit; mit dem Kopfe denkt es die Gedanken des Abendlandes, mit dem Verstand erfaßt es die Lehren der westlichen Revoluzion, mit dem

Geruch wittert es jenseits des Waßers die neue Welt; aber seine Verdauung liegt tief im Erdteil drinn, seine Nahrungssäfte bezieht es aus dem byzantinischen Osten.

Optimist.

Berufen Sie sich nicht zuviel auf den Osten. Erwarten Sie nicht zuviel Knechtisches mehr von Rußland. Dort hat es längst getagt. Dort hat längst der Funke Feuer geschlagen. Jeder Gedanke ist dort ein Zündstük, jedes Gemüt eine Mine. Rußland, dieses lauernde Gehirn, wird eines Tags fürchterlich hervorbrechen, und das Volk der Bakunine und Dostojewski's wird sich seine Freiheit erköpfen.

Peßimist.

Ich fürchte, Deutschland, dieser große Junge, hat zu viel studirt. Bei wem die ganze Kraft sich in's Geistige geschlagen, deßen Muskeln sind schlapp, der wird zum Handeln nichts mehr übrig haben. Wer sich gewöhnt hat, seit einem Jahrhundert für die andern Völker die Filosofie zurecht zu machen, der wird nie zum Streitkolben greifen, um Tirannenburgen zu stürzen. Deutschland hat die Lehre vom Tirannen-Mord hübsch ausgebildet; selbst hat es nie einen Tirannen ermordet.

Optimist.

Das neugeeinte, kräftige, deutsche Volk?!

Peßimist.

Gerade hier liegt die Gefahr. Diese Einigung geschah unter der Aegide der Fürsten. Und dieses Gewicht wird das Volk nicht abwälzen können. Hier liegt

Brief und Siegel der Tirannei. „Seht — wird man dem Volke sagen — was wir für Euch getan haben! Jezt kuscht und seid zufrieden. Singt und bildet Krieger-Vereine!" — Bei dem Charakter der Deutschen, bei ihrer Rührseligkeit, bei ihrem Edelmut langt diese Devise wieder auf ein Jahrhundert. — Auch ist die Mischung falsch. Die Meder und Perser werden sich nie vereinigen. Eine Einigung durch Gedanken ist eine Verlezung des Gefühls. So wenig sich Protestantismus und Katolizismus je einigen werden. So lange die Hostie klebt, werden diese sich scheiden. Und so lange es einen blauen Himmel gibt, werden die Meder keine Perser werden, und die Perser keine Meder. Denn jene, die Perser, sind Asiaten, und diese, die Meder, sind Kelten. Baut 1000 Brüken über den Main, bis Ihr durch keine Klinse mehr den Strom seht, der Fluß der Zwietracht wird doch drunter weg gurgeln und in der Tiefe unseres Gemütes rauschen. Wenn Sie Hoffnungen bauen wollen, dann bauen Sie sie auf den Fluß des Main; auf die Zwietracht. Denn Einigung ist Fürstengewalt, ist Tirannenherrschaft. Zwietracht ist Volksgewalt, ist Freiheit.

Optimist.

Ich vertraue dem deutschen Volke!

Peßimist.

Schon wieder den Dativ! Sie Revoluzionär! — Ich traue diesem Volke nicht, soweit es — denkt. Denn soweit es denkt, ist es feig.

II.

Ueber das Unsichtbare

zwischen

einem Materjalisten und Spiritualisten.

Zweiter Dialog.

Spiritualist.

Glauben Sie an das Unsichtbare?

Materjalist.

Was heißt das Unsichtbare? Ich glaube an das meinen Sinnen Zugängliche.

Spiritualist.

Nein, ich meine Etwas, was außerhalb unserer sinlichen Sfäre liegt.

Materjalist.

Wie soll ich daran glauben, da ich es nicht kontrolliren kann?

Spiritualist.

Die Kontrolle ist Ihnen nicht entzogen. Sie ergibt sich in einem Endeffekt. Und der ist Ihren Sinnen zugänglich. Nur die Zwischenglieder fehlen.

Materjalist.

Was nicht wißenschaftlich beweisbar ist, entzieht sich meiner Erforschung. Und der Glaube kann mir hier nichts ersetzen.

Spiritualist.

Glauben Sie nicht, daß das, was Tau=

sende, was Hunderttausende von Menschen-seelen als brennenden Durst in ihrer Seele tragen, ohne fähig zu sein, ihren Wunsch zu offenbaren, weil Gedanken mitzuteilen verboten ist, daß das endlich nach Monaten, nach Jahren, als ein ungestilter Schmerz, als Anhäufung von Auflehnungen, als Ballen von Mordgedanken sich unsichtbar in die Luft hebt, sich vereinigt, und endlich den Ueberlegenen, den im materjellen Reich Ueberlegenen, den Uebermächtigen und seine Schergen erdroßelt, erstikt, ihm das Blut aussaugt? —

Materjalist.

Reden Sie von Etwas Konkretem?

Spiritualist.

Ich rede von Deutschland.

Materjalist.

Ich finde, daß in Deutschland Alles wie früher seinen Weg geht. Die Leute machen dieselben Gesichter auf der Straße, die Hunde pißen an die gleichen Ekſteine, die Kinder laßen sich wie früher von ihren Müttern am Rok hintendreinziehen. Nur die Hutform hat gewechselt. Und bei den Damen die Müffe.

Spiritualist.

Weil Sie nur das Sichtbare sehen. Weil Ihnen das Unsichtbare verborgen ist. Weil Sie aus den vergrämten Mienen der heutigen Menschen nicht in der Seele zu lesen verstehen.

Materjalist.

Schmerzen hat es immer gegeben.

Spiritualist.

Wenn ich nicht an das Unsichtbare glaubte, an die unsichtbare Wirkung der von Hunderten von braven Menschen hinuntergeschlukten Bitterkeiten, wenn ich nicht an den Kampf der Geister glaubte, die, wie nach der Schlacht auf den katalaunischen Feldern, auch aus den Körpern der Entkräfteten und Verhungerten sich erheben, um in der Luft, auf Entfernungen, weiterzukämpfen, wenn ich nicht an die rächende Wirkung der entleerten Adern, an das Funken-Zünden der nicht zu Wort gekommenen Gedanken glaubte, dann müßte ich verzweifeln an Deutschland und an seiner Zukunft.

Materjalist.

Es ist doch nicht so schlimm. Wir haben eben etwas viel Menschen in Deutschland. Es wird zu viel geheiratet. Uebrigens läßt man doch heute den Rednern und den Zeitungsschreibern die Köpfe. Bedenken Sie, gegen früher!

Spiritualist.

Kennen Sie die Geschichte von Kleo dem Gerber?

Materjalist.

Des Atheners? Das Aufkommen der Demokratie?

Spiritualist.

Das war doch ein Mann, der die Tausende von Flüche verwirklichte, der den Unzähligen von lechzenden Kehlen die Sättigung brachte, der die Bluthunde bändigte! Er war nur ein Gerber. Ein einfacher

Handwerker. Ein vierschrötiger Kerl, der vielleicht sich selbst nicht in Allem klar war, und der nicht an das Unsichtbare glaubte. Aber das Unsichtbare trieb ihn. Er spürte diese hungernden Mäuler, diese wahnsinnig aufgerißenen Augen, diese unterirdischen Blähungen alle in seinem großen Kopfe. Und das trieb ihn. Das machte ihn fest. Er wurde ein Werkzeug des Unsichtbaren.

Materjalist.

Es wurde aber dann doch wieder anders.

Spiritualist.

Es wurde wieder anders. Das liegt im Veränderlichen alles Menschlichen. Aber für einen Augenblick hatte das Volk doch Luft. Für einen Moment konten diese entsetzlichen Tränen-Rinnsale sich verlaufen, und man konte sich über die nächste Zukunft besprechen.

Materjalist.

Der Deutsche ist im Allgemeinen sehr konservativ. Nimt Veränderungen nur im höchsten Notfall vor.

Spiritualist.

.... Nur im höchsten Notfall. — Davon rede ich! — Was meinen Sie zu Frankreich? —

Materjalist.

Was soll ich zu Frankreich meinen?

Spiritualist.

Was meinen Sie, wenn wir Französisch würden?

Materjalist.

Französisch? — Sind Sie bei Sinnen? —

Spiritualist.

Ich meine nur in der Vorstellung es sich zunächst zu überlegen. — Was würden wir denn verlieren? — Sagen Sie selbst, wenn wir französisch würden, was würden wir verlieren?

Materjalist.

Zunächst doch Alles!

Spiritualist.

Wir verlören — mit der Zeit — die deutsche Sprache und unsere Fahnenabzeichen. Ist es denn so schrecklich?

Materjalist.

Sie singen doch immer auf Ihren Banketten: „Deutschland, Deutschland über Alles!" —

Spiritualist.

Ach, lieber Herr, dieser Gesang ist in den lezten Jahren sehr matt geworden.

Materjalist.

Und dann: Ihre Lieder, Ihre Poesie, Ihre Musik, — ja so! die bliebe sich gleich! — Voyons, Sie haben ja alle Vaterlandsliebe aus Ihrem Herzen gerißen.

Spiritualist.

Ach Gott, Vaterland, — ich kann es nicht so hoch einschäzen — bedenken Sie, wenn wir französisch würden, gewännen wir die Freiheit — die Freiheit, zu denken, zu dichten, zu schreiben — bedenken Sie, für einen Deutschen die Freiheit seinen Geist zu offenbaren, selbst auf die Gefahr hin, daß es etwas derb, etwas zotig, etwas barbarisch ausfält — aber die Freiheit, seine Gedanken zu offenbaren — denken Sie, für ihn, der eben dieses, seine Gedanken, für sein Höchstes einschäzt, und der gerade dieses Gutes — während es die meisten der umliegenden Völker besizen — entbehren muß.

Materjalist.

Nun, das ist aber erst das Eine.

Spiritualist.

Ach, und das Uebrige! — Was ist es denn? — Die deutsche Sprache — ist das Herz nicht mehr wert wie die Sprache? — Goethe — ging er nicht trunkenen Blicks Napoleon entgegen? — Dichtete er nicht unter französischer Herrschaft seinen „Faust"? — Heute würde er wegen „Unsitlichkeit" und „Gotteslästerung" eingespert. — Und Schiller — dichtete er nicht köstlich unter der französischen Mätreßenwirtschaft? — Was ist es denn? — Das Uebrige — die paar Volksliedchen! — Das Deutsche würde sich — mit der Zeit — zur Dialekt-Sprache verkürzen. Aber würden die deutschen Veilchen nicht nach wie vor duften? Unsere Eichen kräftig emporschießen? Unsre Herzen nicht freier und stolzer schlagen? Unsre Mädchen nicht herzhaft küßen? — Gehen Sie! — glauben Sie an das Unsichtbare? —

Materjalist.

Wie soll aus dem Unsichtbaren ein solcher Umschwung der Dinge sich vollziehen?

Spiritualist.

Wir wißen es nicht. — Wir haben keine Ahnung. — Vielleicht ist es nur die aus der Verzweiflung heraus geborne Meßias-Idee. — Aber irgend etwas muß paßiren. — Irgend ein Held muß kommen, der uns aus der Fronarbeit deutscher Piramiden-Erbauer befreit, uns aus dem Backstein-Verhältnis der Lohn-Sklaverei erlöst, uns das Gesez der Willkür vom Naken nimt, und uns durch ein Meer von Vergeßenheit in das gelobte Land führt.

Materjalist.

Aber bedenken Sie, ein Volk, das sich selbst aufgibt.

Spiritualist.

Ein Volk gibt sich auf, wenn es keine Rettung mehr sieht.

Materjalist.

Soll Deutschland als ein etnologisches Ganze aus den Völkerfamilien verschwinden?

Spiritualist.

Was läge daran? Deutschland hat als etnologisches Ganze wenig Bedeutung. Sein Sammelsurium ist aus Kelten, Germanen und Slaven gemischt. Seine Wesenheit ist nicht etnologisch, sondern psichisch. Es ist ein Ferment, ein Sauerteig, ein Salz der Erde, das sich am besten mit Anderen vermischt. Deutsche Gedanken wirken wie Hefe im Maischbottich der Völker. Es soll sich darin vermischen.

Materjalist.

Aber wird mit der geografischen Einheit nicht die geistige Einheit verloren gehen?

Spiritualist.

Wie solte es? — Aus Nichts wird Nichts. Aber Etwas, das ist, kann auch nicht verloren gehen. Wir sind wie die Juden. Sie frondeten erst bei den Aegiptern. Später kamen sie in die babilonische Gefangenschaft. Dann wurden sie Vasallen der Römer. Und heute gehört ihre Heimstätte den Türken. Aber ihr Geist, ihr esprit, ihr Instinkt hat die ganze Welt erobert. Und ihr Monoteïsmus ist eine der gewaltigsten geistigen Kräfte, die je der Menschheit dienstbar gemacht wurden. Ist es nicht Etwas Köstlicheres, etwas Vornehmeres, ein hochfliegender, vaterlandsloser Geist, als im eigenen Vaterland ein geistiger Sklave zu sein? — Nehmen Sie die Griechen. Von den Römern unterjocht erobert ihre Filosofie, ihre Kunst, ihr Menschentum die ganze abendländische Menschheit. — Die Iren. Von den Engländern unterjocht, sprüht ihr Geist in der Advokatur, im Parlament in der ganzen Gesellschaft. — Warum sollen wir nicht unterjocht werden? — Fisisch eignen wir uns vortrefflich zum Unterjocht-Werden. Wir haben Hunde-Natur. Sind feig und servil. Nur unser Geist ist 'was nüz'. Fort mit ihm in die Menschheit!

Materjalist.

Sie gehn da doch zu weit. Es hat doch manche politisch freiheitliche Bewegung sich im Volke Bahn gebrochen. Denken Sie an AchtundVierzig.

Spiritualist.

Ja, nachdem andere Völker ihnen das vorgemacht hatten. Aber dann kam die Reakzion und legte die eisernen Reife um die Stirnen der Verwegenen, und raubte ihnen das Denken und macht Alles zehn fach well. Die Deutschen haben jezt Tausend Jahre Zeit gehabt, sich freiheitliche Bestimmungen zu erobern, und haben es nicht vermocht. Jezt ist es zu spät. Mit 50 Jahren ist der Mann Philister, da sprengt er keine Feßeln mehr. Sehen Sie um sich die Völker. Vergleichen Sie die Gesezbücher, die polizeilichen Masnahmen, die politischen Sitten, da müßen Sie sagen: Wir waren feige Hunde!

Materjalist.

Denken Sie an die Reformazion!

Spiritualist.

Ja, das war eine rein geistige Bewegung; davon rede ich; ein spekulativer Trieb im Bereich des Religiösen, Idealen. Und da mußte ein Halb-Wahnsinniger kommen. Ein Normaler hätte es nicht gewagt. Aber nachdem wir es zu Stande gebracht, machten die andern Völker es uns nach. Mit unseren Ideen eroberten sie sich die Freiheit. Es war ein deutscher Reim, der in die Völker fuhr. Das ist ja mein Problem! — Wo glauben Sie, daß Luther heute stehen würde? —

Materjalist.

Wo soll ich glauben, daß Luther heute stehen würde?

Spiritualist.

Ich meine: wo würde er politisch stehen? welcher Partei würde er sich anschließen?

Materjalist.

Ich meine, er würde sich so zur Mitte halten; er würde bei den mittleren Parteien stehen. Er würde Nazionalliberaler sein.

Spiritualist.

Um Gotteswillen, wo denken Sie hin! Links würde er stehen; weit links; bei den äußersten Sektirern würde er stehen, bei den Wiedertäufern — ich wolte sagen: bei den Sozialdemokraten!

Materjalist.

Das möchte doch gewagt sein.

Spiritualist.

Nehmen Sie doch sein Bild vor. Sehen Sie doch diese Augen an! Diese kleinen, listigen Augen funkeln vor Rachsucht. Hier, sehen Sie diese lange Rinne zwischen Nase und Mund gefült mit Gemeinheit. Die prognaten, gewaltigen Kiefer fertig zum brutalen Vorstoß. Die slavische Nase wenig bedeutend. Der ganze obere Teil des Gesichtes ist ja der Tipus der Wildkaze. Die Stirne durchaus nicht ideal — nicht entfernt so ideal wie bei Melanchthon — aber immerhin kapabel zur Verdauung des Bischen dogmatischen Materjals. Hier die Schlappohren. Und dieser Rundkopf. Und auf diesen Schultern, die sich nur zu senken brauchen, um Angst und Beben in den Reihen der Gegner zu erzeugen. Das ist ja das Bild des deutschen, exaltirten Doktrinärs, der mit Speichel und Augenzähnen ficht. Hier hängt ja Alles voll von Majestätsbeleidigungen....

Materjalist.

Na, na, der gute, poetische, deutsche Luther, der zu Hause bei seiner Käte sizt und seine Choräle mit der Harfe begleitet .....

Spiritualist.

Sie haben das spätere, dike Bild im Auge, wo ihn die halbe Nazion dik gefüttert hatte, und er sich ein Doppelkinn angegeßen hatte. Da war er schon, sozusagen, der sächsische Generalsuperintendent. Nein, Sie müßen an das jugendlich-hagere Bild des Augustiner-Paters denken, wo er, wie Spalatin sagte, nur aus Haut und Knochen bestand, seinen Gegner anfunkelte und sozusagen im Geiste schon zerfleischte; auf dem Augsburger Reichstag, wo der geschikte Legat Cajetan erklärte: nie mehr wolle er mit dieser Bestie mit den tiefliegenden Augen disputiren. ...... Was glauben Sie, daß heute Luther für Bücher schriebe? Wie möchten seine Büchertitel lauten? Etwa: „Von der unverschampten Macht der Monarchieen“; — „Das Gottesgnadentum der Potentaten vom Teuffel gestifft“; oder ähnlich ...

Materjalist (lacht).

Ha, ha, da würde er wol bald mit dem Staatsanwalt Bekantschaft machen.

Spiritualist.

Sicher würde er mit dem Staatsanwalt Bekantschaft machen. Aber was wollen Sie?: Einer muß es wagen. Einer muß die Erlösung bringen. Einer muß den Schrei ausstoßen. Und wenn es ein Halb-Wahnsinniger wäre. — Glauben Sie an das Unsichtbare? —

Materialist.

Was soll das Unsichtbare? Hier? Die Reformazion bereitete sich vor aller Augen unter hellsten Oeffentlichkeit.

Spiritualist.

Die Resultate. Aber nicht der Beginn. Der Beginn waren Seelenkämpfe, Erschütterungen, innere Krämpfe von fast 100-jähriger Dauer. Bis der Held kam. Der Brutale. Der Stiernakige. Kleo der Gerber. Luther der Bergmann. Sie sind undenkbar ohne das Unsichtbare, ohne den kolossalen Hintergrund, ohne die Milljonen Flüche, ohne das geheime Zittern der Seele, das endlich sie wie ein Bliz traf und ihr Hirn entzündete.

Materialist.

Und doch hing Alles an einem Haar, und Luther wäre unterlegen.

Spiritualist.

Alles hing an einem Haar, und Luther wäre unterlegen. Der Kaiser, der mächtigste Potentat, die einflußreichen süddeutschen Fürsten, Bayern und Oestreich, sie konten ihn mit einem Fußtritt zertreten; ein Musketier konte auf ihn anlegen — er war vogelfrei -- und die Wildkaze lag am Boden — — Glauben Sie an das Unsichtbare? —

Materialist.

Es ging glücklich durch. Es waren eben damals aufgeregte Zeiten.

Spiritualist.

Es handelte sich damals um die Befreiung aus dem Bann einer fixen Idee, einer teokratischen Dogmatik; um die Abwälzung der granitnen Last eines römischen Wahrhaftig-Gottseibeiuns. Und heute handelt es sich wieder um die Abwälzung eines Granitberges, der Alle fast zu erdrüken droht. Wir können nicht mehr atmen. Wir sind ermattet und geknikt. Auf unserem Naken liegt ein unerfüllbares Gesez. Wir wollen wieder aufrecht gehen. Nicht Gefrondete sein. Nicht an der einen Cheops-Piramide arbeiten. Milljonen von Arbeitern an einem einzigen Denkmal. Wir wollen ausziehen aus Egypten und unsere Seele erretten. Wir wollen unsere deutsche Sprache frei gebrauchen dürfen. Ohne Hinterhalt. Wie die umliegenden Völker wollen wir unsere Gedanken frei reden, schreiben und druken dürfen. Schon flüchtet sich bei uns der Gedanke in falsche Sazkonstrukzionen, die Sintax wird geknikt und man unterhält sich in Zeichen und Simbolen. Der Deutsche, der gewohnt ist, aufrecht zu gehn, hochgemutet zu sein, und seine Seele den Winden preis zu geben, muß frei reden dürfen; muß reden dürfen wie Hans Sachs, wie Fischart, wie Luther; sonst geht sein bestes Erbteil verloren.

Materjalist.

Gott, geben Sie sich nicht so aus! Wenden Sie sich an Ihre Landsleute, an Ihre Vertretungen, an Ihre Parteien . . . . .

Spiritualist.

Unsere Parteien? Daß es Gott erbarm'! Was treiben sie? Womit handeln sie? Schließen sie nicht die undenkbarsten Bündniße? — Nehmen Sie gleich die Stärksten und Gewappnetsten: Die Sozialdemokraten und Ultramontanen, von denen die einen nur bedingt, die andern sicher das deutsche Vaterland zu Grunde richten wollen. Reden sie nicht in der dunklen Sprache von Päderasten miteinander, von denen Keiner genau weiß, was der andere will, und verbinden sie sich nicht zu einem momentanen Zwek, und unter dem tiefsten Geheimnis und in der äußersten Dunkelheit? .....

Materjalist.

Nun, da sind aber noch Andere.

Spiritualist.

Gut, nehmen Sie die Liberalen, die in allen Glüh-Oefen Ausgedörrten, durch alle Waßer Gewaschenen, die Feigsten unter den Feigen, — die sich sogar bereit erklärt haben, an Gott zu glauben, wenn man ihnen den Terminhandel in Getreide läßt .....

Materjalist.

Dann sind wir aber noch nicht fertig.

Spiritualist.

Oder die Konservativen, die Oberaufseher in Aegiptenland, die die Gottheiten voı Oberägipten annehmen wollen, wenn man ihnen ihr Silber prägen läßt, oder die Götter von Unterägipten, wenn man ihnen ihre Feldfrüchte abkauft? — Dann, was ist noch da? — ein paar Pollaken, ein paar Franzosen, ein paar Dänen, ein paar Welfen: jeder hat einen Fetisch am Bendel: der eine eine Monstranz, der andere ein Herzöglein, der dritte ein Krönlein, der vierte ein Kodexlein, das man ihm vergolden soll, und wofür er seine Seele verkaufen will. ..... Nein, uns kann nur ein Gott helfen, oder wie Sie's nennen wollen, eine Macht aus dem Jenseits, Etwas aus der übersinnlichen Sfäre, aus dem Unsichtbaren, wo Seufzer und Flüche in etische Werte umgeschmolzen werden — denn im Bereiche des Sichtbaren sind wir verloren .....

Materjalist.

Sie tun wahrhaftig, als begänne morgen das tausendjährige Reich.

Spiritualist.

Ja, irgend Etwas muß beginnen. Wenn hier Alles verloren ist, Aller Hoffnungen geknikt, die besten Köpfe und Herzen niedergetreten und zurükgestoßen, dann begint der Glaube, die Gemüter auf ein Kommendes hinzuwenden, sie auf ein Jenseitiges zu richten, dann begint die Meßias-Idee in den Herzen Wurzel zu schlagen.

Materjalist.

Da wäre ja auf einmal der allgemeinen Klage über die Glaubenslosigkeit unserer Zeit abgeholfen.

Spiritualist.

Ja, die Leute glauben aus Verzweiflung, und an einen Gott der Rache, über deßen furchtbare Gestalt unsere Frommen erschreken werden.

Materjalist.

Und was soll der bringen?

Spiritualist.

Was er auch bringen wird, in irgend einem Punkte muß es beßer werden. Denn schlimmer, als wie heute, kann es ja nicht werden. Ob uns die Franzosen oder Engländer einsteken, oder ob uns die Rußen freßen, oder die Völker Asiens unterjochen werden: je sicherer ein Volk mit fremdem Idiom über uns herrschen wird, um so sicherer winkt uns die Freiheit in unserer deutschen Sprache, die unsere Unterdrüker nicht verstehen werden. Lieber an den Waßern Babylons sizen und, wie Jeremias, in der eigenen Sprache schreiben und dichten dürfen, als im eigenen Lande bei fisischer Freiheit geistig geknechtet sein.

Materjalist.

Rufen Sie keine falschen Götter an und spielen Sie nicht mit Gedanken, deren Verwirklichung Ihnen selbst furchtbar erscheinen wird.

Spiritualist.

Glauben Sie an das Unsichtbare?

Materjalist.

Nein, Sie können mich nicht bekehren. Ordnung und Erscheinungen dieser Welt verlaufen im Bereiche des Sichtbaren. Die Weltgeschichte ist nicht das Weltgericht, sondern ein Produkt des Zufalls und das Resultat der Gewalt.

Spiritualist.

Wenn ich nicht an das Unsichtbare glaubte — an einen ursächlichen Zusammenhang des rein Psichischen, des Nicht-Verlautbar-Werdenden, des Hinuntergeschlukten mit der fisischen Welt des Schlagens und Geschlagen-Werdens, des Ringens und Kämpfens, wenn ich nicht wüßte, daß das, was wir in den lezten zehn Jahren heimlich gelitten haben, irgend wo aufgeschrieben ist, und in irgend einer Form umgemodelt in dieser sichtbaren Welt wieder als Kampf und Rache zum Vorschein komt, dann hielte ich das Leben nicht mehr für lebenswert und müßte verzweifeln an Deutschland.

Materjalist.

Glücklich der, der sich nicht trügt und auf Ungewißes verläßt. Sie sind jedenfalls ein entsezlicher Schwärmer! —

III.

Ueber die Stadt München

zwischen

einem Fremden und einem Einheimischen.

Dritter Dialog.

Fremder.

Welche Stadt! Welche Stadt!

Einheimischer.

Welcher Pfuhl, welcher Pfuhl, — sagen Sie lieber!

Fremder.

Laßen Sie mich — laßen Sie mich bewundern! — Das wird das zukünftige Rom. Der Papst ist tot — es lebe München!

Einheimischer.

Nach dem Verbrauch des Weihrauchs könten Sie Recht haben. Wir haben hier 12,000 Marienstatuen......

Fremder.

Das macht nichts — laßen Sie die Leute — es wird immer Menschen geben, die Statuen umklammern wollen — beßer eine Maria, als eine Astarte, die — ah, laßen Sie mich, ich kann's nicht sagen — von ihren Priestern das Entsezliche verlangt......

Einheimischer.

Beßer die Hoden, als den Kopf verloren!

Fremder.

Nein, nein, so schlimm ist es nicht. Ich sage Ihnen diese Bojer, oder Baier, oder Bajuvarii. . . . . woher komt es eigentlich?

Einheimischer.

Sagen Sie: diese Böozier . . . . . .

Fremder.

Nein, nein, so arg ist es nicht! Das ist ein altes Scheltwort . . . . inzwischen haben sie preußische Exerziermeister gehabt . . . . . .

Einheimischer.

. . . . welche sich das Saufen, und ihnen nicht den Stechschritt gelehrt haben.

Fremder.

. . . . macht nichts! macht nichts! — nein, was ich sagen wolte: diese Oberbaiern, dieses herkulische Geschlecht, aus Naken und Haar bestehend, und das Meßer im Hosenschliz, brauchte eine ganz kindliche, weinerliche, weiblich-süße Religion, 'was Zartes in Blau — anders waren diese Ochsenfiesel gar nicht zu rühren — und, sehen Sie, das ist ihnen diese Maria — blauer Himmelsmantel, silberne Sternchen, 'ne Tallje zum Abbrechen, süßes Köpfchen, kirschrote Lippen . . . . . .

Einheimischer.

Ah, notre Dame de Munich? — „Unsre liebe Frau"?

Fremder.

Précisément! C'est bien cela! — E Bisl 'was zum Gernhaben.

Einheimischer (lacht).

Haha, Sie haben das Münchnerische sich rasch angeeignet......... das heißt: Sie müßen Obacht geben! „Gern haben" hat eine entsezliche Nebenbedeutung....

Fremder.

Wirklich?

Einheimischer.

Pscht! (flüstert).

Fremder.

Aha — gut, daß Sie mich darauf aufmerksam machen............ na ja, sehen Sie: jedes Volk hat die transzendentalen Anschauungen, die es braucht — wenn auch das Gehirn ein Bischen dabei leidet — das zu ändern liegt nicht in seiner Macht — das ist der Gang der Geschichte und einer gewißen, wie soll ich sagen? — Völkerplacirung — alle Völker, die während einer gewißen Zeit in der Nähe von Rom lagen, machten diesen Prozeß einer überraschen und überweichen Reifung des Gehirns durch — und schieden damit aus dem Kampfe des Völkergewimmels aus — aber: régardez donc! — sehen Sie dieses Leben hier: dieses flutende Genießen, diese Ueppigkeit, dieses Sich-Selbst-Genügen, dieser Konsum, geistig und fisisch — es ist ja fast wie auf Petron's

Gastmahl: man geht hinaus, erbricht sich, und der Schlund ist wieder zum Kitzeln frei — diese Resolutheit, Alles sich anzueignen, dieses Nimmer-Rasten, bis die ganze Keule verschlukt ist — man hört zwei Stunden „Tristan und Isolde", man kann nicht mehr, scheinbar, macht 20 Minuten Pause, verschwindet in einer Nebengaße, komt mit geröteten Wangen erfrischt zurük, dann rasch noch ein Kotlett, ein, zwei Schoppen Bier — und man hört den Rest von drei Stunden „Isolde" — ja, saperlot! gehen Sie in eine andere Stadt — Tiens! régardez hier! — sehen Sie: diese Wangen, dieser Gang, diese Haarflechten, wie das Kleid fließt — nicht so geschmakvoll, wie in Wien, aber immerhin geschmakvoll genug — dieses Mündchen, wie eine Kirsche, dieses Anschauen, wie eine Turteltaube, diese Kraft, diese Weichheit, diese Fülle . . . .

Einheimischer.

Ja, aber — erlauben Sie mir — das — ist — eine . . . .

Fremder.

Ah so! — mais ça ne fait rien — sie sind Alle so — hier liegt es eben! — das Nicht-Mehr-Unterscheidbare — hier liegt die Kultur — die Ueber-Kultur — ah, laßen Sie mich! — Sie sind ein Peßimist! Sie kennen nicht Ihre Stadt . . . .

Einheimischer.

Sie kommen frisch hieher, sehen Alles von der neuen Seite. Diese Mischung von Altertümlichkeit und importirter Kultur imponirt Ihnen. Sie sehen nicht les dessous, was unter dem Grasboden wächst. Hier ruht noch Alles auf Jesuiten-Fundamenten und katolischen Fürstenbauten.

Fremder.

Ja, aber gerade das gibt der Stadt einen gewißen haut-goût.

Einheimischer.

Gehen Sie in irgend eine der großen Kirchen, und Sie werden sehen, wie Ihnen das Mittelalter mit erstikender Gewalt entgegen tritt.

Fremder.

Und doch ist diese uralte Form das, worin sich die Menschen so kolosal sicher fühlen. Hier die Litanei, das opus operatum, verrichtet, und es steht ihnen die ganze Welt offen mit ihren Lüsten und Freuden. Faktisch ist die Religion nur ein Auskunfts-Mittel, weil keiner so viel Zeit hat, sich seine eigene Moral zu machen und sich mit den Transzendentalen, was er gewißermaßen ahnt, auseinanderzusezen. Da komt Einer und sagt ihnen: Tu das und das, murmle das und das, dann bist du versöhnt und darfst draußen, beim Austritt aus der Kirche, deinen geheimen Instinkten freien Lauf laßen .... Ah, wißen Sie, was das heißt, diese Absoluzion? Wie sie sich beeilen, in hübsch geschnürten Paketchen ihre Sünden zur Kirche zu tragen und dann mit gewaschnen Händen wieder fortzugehen? .... Neulich sah ich sie, diese Volks-Maße, in ihrer Verzükung liegen .... Ich wolte jene Kirche besuchen, um das Kuriosum zu sehen, wo auf der Altar-Freske, die das jüngste Gericht darstelt, Goethe unter den Verdamten wie ein Räudiger winselnd dem Teufel zu Füßen liegt und troz alles Flennens und Jammerns eben eine Gabel nach ihm ausholt, um ihn in die katolische Hölle zu stürzen — ich konte nicht vorkommen — die ganze Kirche gefült mit zukenden, schmazenden Körpern, die wie Säke in den Kirchstühlen lagen — ringsum auf den steinernen Fließen Kinder und Weiber in ängstlichen Grimaßen, als ging's zum lezten Gericht — da und dort auf den Betpulten ein isolirtes Lichtchen, wie von einer eben aus dem Sarg gekrochenen Seele — vom Empor herunter larmojante, brösliche Gesänge, als hätte man den Leuten Kolofonium in den Hals geblasen — vorne, ganz vorne am Altar, unter einem Zik-Zak von Lichterglanz weiße, ganz weiße hüpfende Kleider — dann wieder goldgestikte, ganz goldgestikte hüpfende Kleider ....

Einheimischer.

Es sind die Paramente der gerade Amtirenden.

Fremder.

Sie sagen: es sind die Paramente der gerade Amtirenden. Ich sage, es sind farbige Garderoben: es gibt weiße Garderoben und es gibt violette Garderoben; und es gibt gelbe Garderoben und gibt purpurrote Garderoben; und gibt grasgrüne Garderoben und gibt schwarze Garderoben für den Trauerfall.

Einheimischer.

Je nach der Zeit des Kirchenjahrs oder für den Fall einer Totenmeße ......

Fremder.

Je nach der Zeit des Kirchenjahrs, oder für den Fall einer Totenmeße — — ich sage: es sind Frühjahrs-Ausstellungen und sind Herbst-Ausstellungen und sind Sommer-toiletten und sind Toiletten für den Trauerfall .... und Odör, halb Oppoponax, halb Ylang-Ylang, dampft aus blizenden, vergoldeten, geschwungenen Keßelchen, und fült die Köpfe der Damen mit Haschisch, und die Muskeln regen sich zu Derwisch-Strekungen ...... Sie sind ein Peßimist! Sie kennen Ihre Stadt nicht! Sie kennen die Orts-Religion nicht! — hören Sie weiter!

Einheimischer.

.... das Rauchfaß verstreut die Wolken ....

Fremder.

.... das Rauchfaß verstreut die Wolken .... Kling-kling!: — Rutsch, der ganze Haufe schwarzer Säke stürzt in den Betpulten zusammen und jammert .... rischteldadibum, rischteldadibum, rischteldadibum .. ... rödeldö-rödeldörödeldö-rödeldö .... Kling-kling! — nocheimal knikt die schwarze Maße zusammen und die Kirchenstühle ächzen und stöhnen .... rischteldadibum, rischteldadibum, rischteldadibum. .... rödeldö-rdeldö-rödeldö-rödeldö...... Kling-kling!: — Jezt komt's!

Einheimischer.

Was komt?

Fremder.

Es komt!

Einheimischer.

Was komt?

Fremder.

Enfin, cette chose — comment dit-on? — ce machin ......

Einheimischer.

Es ist die Wandlung.

Fremder.

Mit imaginär aufgesperten Mäulern liegen sie drinnen und schluken — und schlürfen den rötlichen Saft, das Blut — und würgen den Broken hinunter, das transzendentale Fleisch, eines vor fast 2000 Jahren justifizirten Gottes — und das blöde Gehirn nimt die Sugestion an, und mukst sich nicht ....

Einheimischer.

Kein Mensch glaubt ja das mehr!

Fremder.

Hier liegt es eben!: Kein Mensch glaubt es mehr auf seinen Kopf hin — aber Niemand mukst sich! — Jeder denkt sich: ist's wahr, ist's gut! — ist's nicht wahr, macht's nix! — Voilà!

Einheimischer.

Alte Gewohnheiten, die sich fortschleppen ....

Fremder.

Haha! — und nun sollen Sie sehen — jezt werden die Utensilien eingepakt — das Kritschi-kratschi-Rischtelbadi-Kruzifax komt in den Schrank — die Oblaten verschwinden — und die diken, schnappenden Goldfische verschwinden in der Sakristei ..... und nun erheben sich die Tausenden von Säken — jezt sind sie entsündigt: die Mienen sind noch ganz steif — die Augen starren noch schwarz: die Sugestion ist eben erst im Verschwinden — und nun rutscht es hinaus — in das flirrende, helle Tageslicht — in das Licht, wo die Bestien wandeln — halo! Saperlot! — jezt sollen Sie sehen! — jezt wollen sie sich erholen: Wo geh'n mer hin? — Wo gibt's en Pschorr? — Wo gibt's a Hofbräuhaus? — Wo gibt's en Sedelmair? — Wo gibt's Weißwürst'? — Wo gibt's en Tanz? — Wo gibt's a Musik? — Und nun geht's an! — Das resolute Genießen — mit realen Kinnbaken — bei intaktem Gehirn — das entschloßene Würgen, bis die Keule verschlukt ist — und die Goldfische von vorhin kommen auch — in schwarzen Röken — jezt eßen sie keine Oblaten — tapfer greifen sie ein — — Haha, mon cher, — welches Geschlecht! — Welche Stadt! Welche Stadt! . . . . .

Einheimischer.

Und das Alles wundert Sie? Das imponirt Ihnen? . . . . . Es sind ganz einfache Menschen, schlichte, ruhige, naive Menschen, ohne allen den embarras, den Sie hineinverlegen, weiche, zarte, mariologische Konstituzionen . . . .

Fremder.

Ich sage Ihnen, es sind Reflex-Menschen — von einer geradezu wunderbaren Sicherheit der Gangart — kein Mensch frägt hier: Warum? — Dies ist nicht die Stadt des Kausal-Nexus — dies ist nicht die Stadt weder der reinen noch der angewanten Vernunft — dies ist die Stadt der eingefahrenen Geleise . . . .

Einheimischer.

Und das imponirt Ihnen! Ich finde das höchst langweilig. In dieser reichen Dunst-Atmosfäre, auf diesem mariologischen Boden gedeihen die Menschen-Pflanzen allerdings vortrefflich, Beken, Naken, Waden und Busen erreichen eine niegesehne Ueppigkeit — aber das Hirn, mein Herr, die Krone der Pflanze, die Blüte verkümmert, schmilzt ein ..... der Siz der Gedanken — der Keim zu Neuem — die Pollenkörner der Idee ....

Fremder.

Was macht's! Was macht's? — Aber daß man ein solches Geschlecht fertig bringen konte — mit so sicherer Gangart — mit fest vorgeschriebenen Bahnen — auf dem Pflaster der Wirklichkeit wie in der Metafisik der Seele — welches nie strauchelt — immer sich gleichbleibt — stets sich neugebiert — mit dem Bier des Sedelmaier und der Dogmatik von Rom sich stets frisch und kräftig erhält — sehen Sie diese prächtige Raße — riechen Sie diesen süßen Seelenduft — rühren Sie diese marmelartigen Formen! ..... Gehen Sie nach Linz, nach Salzburg, nach Wien — überall, wo die römische Dogmatik und das süffige Bier hingedrungen ist, dieselbe unvergleichliche Raße — mit den leuchtenden Augen, dem seelenvollen Blik, der lammartigen Güte — in Wien ist das Bier etwas heller, prikelnder: dort sind die Busen etwas hüpfender, die Mündchen etwas kirschroter — aber sonst die gleiche, weiche, schwanenduftige, weiblichgeartete, seelenvolle Raße ....

Einheimischer.

.... jawohl, die aber bei Königgrätz und bei Kißingen die Waffen wegwarf! ....

Fremder.

Ja natürlich — saperlot! — man kann nicht gleichzeitig transzendentales Gift schleken und in der Welt der Wirklichkeit große Taten vollbringen! ....

Einheimischer.

Trozdem — ist es nicht schlimm? — Dieser Molusken-Standpunkt! — Wenn man aus der Welt der Taten ausscheidet! — Nur noch als Dünger betrachtet wird! ......

Fremder.

Laßen Sie sich jeden Tag in der Frühmeße den Kopf vollsugestioniren — das Gehirn weich machen mit Mirakeln und Glaubensfakta — das Sensorium einschläfern mit Weihrauch und Opoponax — je öfter der Prozeß wiederholt wird, desto leichter wiederholt sich der Schlaf! .... Das ist wie in Konstantinopel: als Preuße komt man hin; als geistiger Eunuch geht man fort! — Den stärksten Kerl ließ Bismarck nie länger als ein Jahr dort kondizioniren ....

Einheimischer.

Und trozdem loben Sie die Stadt?

Fremder.

Eh bien — pour regarder — pour s'amuser — auf 8 Tage — zum Bewundern — wie man in ein Treibhaus geht — um die Victoria regia zu sehen — man schwizt, die Pulse klopfen, aber — saperlot! — diese Sinnenwelt, diese ..... sehen Sie hier! — diese Kleine! — wie das geht — wie das tript — dieser Gang — diese Wangen — dieses Augenschmeißen — dieses Erröten zur rechten Zeit — diese Aufforderung zum Tanz! . . . . . . hehe, was mag die kosten! . . . .

Einheimischer.

Um Gotteswillen! — das ist die Gräfin X.

Fremder (stutzt).

Ah so! — Eh bien! was ich sagte: sie sind alle so! Sie sind sich alle gleich! Diese Homogenität der Raße! — Hier liegt es. Die Ueberkultur. Die großen, schwellenden Formen. Das Victoria-Regia-tum, das nur in der Ueberhize gedeiht — wo die saft-grünen Blätter auf Kosten der Blüten gewonnen werden — ist es nicht köstlich? . . . .

Einheimischer (schüttelt mit dem Kopfe) —

Fremder.

Sie wißen gar nicht, was Sie hier haben. — — Und dann, mon cher, die Hauptsache — haha! — ich glaube, man nent es nie beim eigentlichen Namen — dies gilt für unschiklich — Sie haben, wie der Soldat für den Tornister, zwanzig Benennungen dafür: der Stoff — das Zeug — die Maas — die Kraft — die Halbe — die Ganze — das Quart'l — die Maisch — das Alte — das Neue — das Untergörige — das Obergörige — das Ungespundete — das Gespundete — der Bok — der tote Hund — das Schweißende — das Schwizende — der Haker — der Pschorr — das Hof's — das Bürgerliche — das Gehopfte — der Salvator — das Märzen — das . . . .

Einheimischer.

Um Gotteswillen, hören Sie auf.

Fremder.

Eh bien — das Opium von München — welches Helden zu Kindern und Kinder zu Helden macht — und alle diese Tausende von Hirnen erst für die große Dogmatik des Lebens vorbereitet ......

Einheimischer.

Es ist ein Sumpf, ein Sumpf, ein schreklicher Sumpf.

Fremder.

Sagen Sie dies nicht! Hier liegt ein großes Prinzip vor. In diesem Fortschwimmen von Generazionen auf der unvergleichlichen, dunklen Brühe liegt eine eminente Lebenskunst. Diese verhopften Gehirne spülen sich über die Abgründe und Fährniße des menschlichen Lebens hinweg — immer fort — Unangenehmes wird vergeßen — Misantropie verstopft — bis in's Jenseits hinüber: hier liegt eine Kunst, eine Leicht-Lebigkeit ....

Einheimischer.

..... welche schließlich das Leben als gegenstandslos nimt ......

Fremder.

Hier liegt eben die Kunst — für gereifte Völker — das Leben als solches nicht mehr zu spüren — laßen Sie mich!: diese Haschisch-Generazionen sind mir die liebsten: sie zanken nicht mehr, sind politisch trätabel, schwimmen im Entzüken, — sehen Sie diese glänzenden Augen — ihre härtesten Charaktere, ihre demantesten Naturen werden weich und eindrükbar, — selbst ihre Verbrecher haben einen weichen, melancholischen Zug ..... nein, laßen Sie mich, dieses Bier — jezt hab' ich's genant — dieser Bier-

Genuß ist eine trefliche Vorkur, eine Vorbedingung für die Aufnahme all' der verschiedenen Sugestionen, die aus dem Norden kommen, das ganze Volk befindet sich in einem glüklichen, erwartungsvollen Stadium .....

Einheimischer.

...... bis es schließlich aufgefreßen wird ......

Fremder.

Peu à peu — das macht nichts! — gewiße Völker sollen aufgefreßen werden — die Griechen mit ihrer Metafisik und Kunst wurden schließlich auch aufgefreßen — und wurden ein Keim im Leben der Völker — wer ging nicht 'nmal gern nach Athen? — um Eleusinische Kulte und Aphroditen-Dienst zu genießen — wer geht nicht 'nmal gern nach München? ......

Einheimischer.

..... um Bier zu trinken! .....

Fremder.

Nein, um Gemüt zu schöpfen — um Lebenskunst zu beobachten — um Genießen zu lernen — um den deutschen Doktrinarismus zu vergeßen — sein Gehirn für'n Jahr auszuhopfen ..... haha! — sehen Sie, wie sie dort hoken, die Norddeutschen, und dem Schenkkellner auf Wort und Treu glauben — ihn bewundern, wenn er grob wird — und das gehopfte Isarwaßer hinunterspülen, bis die Augäpfel aufleuchten ..... nein, nein! — Ihre Stadt ist bewundernswert — ist eine Notwendigkeit für Deutschland — nur der Astarte-Dienst auf Kypros kann sich damit vergleichen.

Einheimischer.

Ein Magen- und Schlund-Dienst, bei dem schließlich die Funkzionen von Darm und Nieren die Hauptsache bilden.

Fremder.

Die ganze Welt strömt hieher — nur um dieses Volk eßen und trinken zu sehen. Welche Lust! — Man bekomt Apetit — Man greift selbst zu — läßt sich auf diesen ungehobelten Bänken nieder — man ißt, trinkt, schlempt und schlampampt — eh' man sich's versieht, ist man vermünchnert — hört das fette Herz klopfen — fühlt die Augäpfel sich herausdrehen — und fünf Minuten später frägt Einen ein junger angekommener Fremder mit der Note der Sicherheit: Sie können mir gewiß sagen, wo hier der Weg zum Hofbräu geht?

Einheimischer.

Ja, ja — der große barbarische Zug unterjocht die Leute.

Fremder.

He! Nehmen Sie gerade die jezige Zeit, nehmen Sie Ostern: kein Fest läßt diese Bevölkerung vorbeigehen, ohne ihre Därme, ihren Schnappsak dran zu knüpfen: alle Schaufenster liegen voll von ungeheuren Quantitäten Wurstwaaren, diken und dünnen, rötlich gefärbten und bläulich durchscheinenden, Sulzen und Eingemachtes, auf Platten und in Vasen, Gepökeltes und Geselchtes, Spekseiten und Schinken, Alles umkränzt und bemalt mit den Oster-simbolen. Schnittwaaren-Lager und Schuh-Magazine werden für die wenigen Tage schleunigst in Scharkutjee-Läden umgewandelt und überall drängt sich die kolossal fettige, hautüberzogene, spekige, ranzige Maße. Ganze Schweine von Spek und Schelatine, mit Rosen umkränzt, erscheinen hinter den Glasfenstern der Läden, in deren Hintergrund man die zentner-busigen Scharkutjees-Gattinnen keuchend ihren Dienst verrichten sieht. Und jede Fleischfaser und jedes Spekwürfelchen, jeder Schinken und jedes Rippenstük war auf dem Altar in der Hochkirche gelegen und ist vom Erzbischof geweiht und besprengt worden. Hier ist die Verbindung mit der Kirche gewonnen und damit ist für dieses prächtig-naive Volk das Recht zum Zulangen, das Recht auf Gabel und Meßer gegeben. Jeder noch so einfache und bescheidene Mensch will an diesem Tag ein Stük Schweinernes zwischen den Zähnen haben. Das Schwein steigt in diesen Tagen der Auferstehung Christi zu einem wahrhaft herkulischen Simbol empor und fegt, wie ehemals die goldborstige Wildsau der alten Germanen, grunzend und Fettspuren zurüklaßend, durch die dike Luft Münchens und durch die Herzen ihrer Bewohner. Was sagen Sie dazu? — Ist das nicht prächtig? — Kein anderes Volk hat so die Gabe, Himlisches und Irdisches, wie der Dichter sagt, miteinander zu verweben ....

Einheimischer.

Nur wieder eine neue Gelegenheit zum Freßen.

Fremder.

Freilich, freilich, aber was macht's? — Hier liegt die Gesundheit, die Frische, das Zugreifen, das sichere Instinkt ......

Einheimischer.

..... daß nach dem koloßalen Genuß von solchen Fettigkeiten sich ein enormer Durst einstellen wird.

Fremder.

Mag sein, mag sein — daß das tief in ihrem Unterbewußtsein verborgen liegen mag — aber das gehört zu jenen sicheren Instinkten, die ein Volk zu dem ihm allein Nüzlichen und Notwendigen führt. — Und dann nehmen Sie die, ich weiß nicht, soll ich sagen: dogmatische Kühnheit der Verbindung des Totes des Erlösers mit dem Scharkutjee-Gewerbe. Erst hat man die Leiche Jesu — das ist noch der Charfreitag — man nimt sie simbolisch als Lamm Gottes, das weiße, aber blutüberströmte Lamm; dieses Lamm nimt man und stelt es aus Schweinefett gegoßen mit Rosen umkränzt in's Schaufenster — jezt ist es noch Ostersimbol, und noch könte Alles in den Gränzen der Schiklichkeit bleiben — aber mit dem Fett hat man — optisch, oder gedanklich, oder vielmehr: durch den süßen Geschmak — die Verbindung zum Schwein gewonnen, und nun stürzt diese koloßale Menge von Schinken und Rippenstüken, Sulzen und Spekseiten in die Kirche hinein. Aus dem süßen Osterlämmchen ist das zentnerschwere Schwein geworden. Aus der schmerzhaften Charfreitags-Leiche das fürchterliche, grunzende Tier, welches man aufißt. Ist es nicht enorm? Diese Wandlung vom Freitag zum Samstag. Nur ein so riesig gesundes Volk, wie Sie es in Ihrer Stadt haben, kann sich eine solche kühne Dogmatik erlauben, ohne daß es ihm das Gehirn zerreißt. Mit dem Ruf: Resurrexit: Er ist auferstanden! sezt sich das Volk hin und verzehrt koloßale Maßen von Grieven und Spek. Irgend ein Münchener — ein Bischof oder ein Scharkutjee — muß die Verbindung auf diese Weise einmal hergestelt haben. Die Sitte ist rein Münchnerisch, Süddeutsch, nicht allgemein Katolisch .....

Einheimischer.

Da haben Sie wieder, was ich Ihnen sagte: bei diesem Volk ist Alles Darmarbeit und Nierenfunkzion.

Fremder.

Oder stamt die kaum verständliche Sitte aus dem Mittelalter, wie mir ein anderer Erklärer versicherte? Daß sie sich, um die Juden zu ärgern, die Jesum an's Kreuz geschlagen hatten, und die bekantlich aus rituellen Gründen kein Schweinefleisch genießen, gerade um die Zeit, da Christus wieder lebendig geworden, sich hinsezten und Schweinefleisch in allen Dimensionen und Zubereitungsarten verzehrten, in der Meinung, je mehr sie zu sich nähmen, um so mehr ärgerten sie die in ihren Ghettos still versammelten Juden, und um so größer sei das Verdienst, welches sie sich erwürben, und das „Opfer", welches sie darbrächten, und um so größer die Freude, die sie ihrem Gott machten — und ist dies der Sachverhalt, wodurch die Münchener erst zu diesem enormen Leibesumfang gekommen sind, deßen sie sich allenthalben in ihren beßeren Exemplaren rühmen .....

Einheimischer.

Eine etwas ranzige Ausrede!

Fremder.

Oder ist es die Erinnerung an das Eßen von Leichenteilen, welches sie tagtäglich bei ihren Priestern in der Kirche beobachten, und welches die Ursache sein soll, weßhalb sie diese lezteren mit so großer Ehrfurcht, sozusagen als Gott, betrachten — welches bei ihnen, bei diesem resoluten Volk, den Kizel erwekt hat — ich weiß nicht, ob Sie mir dies nachdenken können — nun auch seinerseits einmal, wie soll ich sagen?: travestirte Leichenteile in Form von simbolisirten ham, porc, Schinken, Spek — kommen Sie nach? — sich zwischen die Zähne zu steken, um einmal zu sehen, wie das Ding eigentlich schmekt? — Wie? Was? Was sagen Sie? Haben Sie's erfaßt? — Ist es nicht koloßal? — Ich meine nur .....

Einheimischer.

Um Gotteswillen! — Um Gotteswillen, wo kommen Sie hin?!

Fremder.

Ich meine nur! — Verstehn Sie wohl! — Bei diesem Volk — aus purer Genußsucht — nicht aus sakrilegischem Bedürfnis — o Gott nein! — die täten keiner Fliege 'was zu leid, wenn sie wüßten, daß sie heilig wäre — nein, aus Kinnbakenbedürfnis — rein, um zu Zermalmen — um zu verzehren — heute „Tristan und Isolde", morgen „Bokpartie", übermorgen „Kunstausstellung von Nuditäten", dann Osterfest mit simbolischem Schinkenfleisch, dann „Salvator auf dem Nokherberg", Redouten mit wallenden Busen und Sekt-Schmeißerei, dann wieder Entsündigung: Fasten, d. h. Fasten-Eßen, Responsorien von Scarlatti, — Stabat mater von Palästrina und dann Rendez-vous in der Konditorei — verstehen Sie? — so mein' ich's! — Alles nebeneinander — Alles zu seiner Zeit — aber Alles! — nicht das Eine nicht, das Andere doch, — sondern Alles! — Verschlingen — genau wie in ihrer Kunst: e Bisl Makart, und e Bisl Max und e Bisl Mistik und e Bisl Du-Prel — aber auch etwas Uhde und etwas Pietismus — und von Allem Uebrigen Andern auch noch recht Viel ..... verstehen Sie? — so mein ich's! — Ist's nicht kolossal? —

Einheimischer.

Das reine Sodom und Gomorrha .....

Fremder.

Nein, sagen Sie das nicht! — Um Gotteswillen! — Sie beleidigen! Sie sind ein Peßimist. Peßimist sein heißt denken. Sie sind der einzige Peßimist, den ich in dieser Stadt getroffen habe. Sie müßen die Sache von der Gefühlsseite nehmen. Sonst erfaßen Sie Ihre Landsleute nicht .....

Einheimischer.

Und das ist ein Gegenstand Ihrer Bewunderung?

Fremder.

Ja, mein Gott, weil es einzig ist. Es gehört eben Alles zusammen. So etwas treffen Sie nicht wieder. Nehmen Sie Alles in Einem. Bliken Sie um sich. Schauen Sie sich die Häuser an. Betrachten Sie diese Architektur. Ist es nicht auch hier der gleiche in's Gigantische, Klobige, Breitschultrige, Hüften-Ausladende gehende Stil, der uns zeigt, daß dieses Volk Zähne hat, die keinen Spaß verstehen, und Kinnbaken, die auf jede Sorte von Nahrung eingerichtet sind. Sehen Sie diese Waden-Säulen, dieses vorgekröpfte Gebälk, dem jeder Hemdkragen zu eng, diese Busen-ausladenden Erker, die dann wieder zurükweichenden Giebel, diese geschlizten, kleinen Fenster, Alles Hüften-, Beken-, Knochen- und Empfangs-Arbeit, ein Zeichen, daß bei diesem Volk der Schwerpunkt in der Aufnahmefähigkeit, in der Verdauung liegt. Jedes Haus ein schwankender Münchner. Jeder Münchner eine granitne Balustrade . . . . . Laßen Sie mich, dieses Volk ist nicht zum Umbringen.

Einheimischer.

Wenn nur ein großer Rutsch aus dem Norden hereinbräche, eine kaltsinnige, fischartige, protestantische Einwanderung statthätte, um diese versumpfte, romanische, mariologische Bevölkerung aufzufrischen, um diesen Jesuitenstil umzubiegen, die allzu lauen Herzen kräftiger schlagen zu laßen . . . . .

Fremder.

Das hilft Nichts. Das fand schon unter Ihrem König Max statt. Abgesehen davon, daß die Stok-Münchener dafür ihren König fast vergifteten, wurden die Ankömlinge bald überwältigt, zahm, matsch — das liegt hier in der Luft — der genius loci heißt hier: Quietismus, In-Sich-Selbst-Versenkung, eine Art oberbairischer Buddhismus, wie ihn die Bauern von Feldmoching ausgebrütet haben — hier unterliegt Alles, Friese, Pommer, Däne; nach einem Viertel Jahr sind sie bojfizirt; eine Verzückung ergreift sie, die Augäpfel treten heraus, werden leuchtend, die Herzmuskelfaser wird zart und biegsam, sie begreifen nicht, wie man Norddeutscher sein kann ..... nein, nein, laßen Sie diese Stadt, dieses Eldorado der sinlichen Büßer, dieses Capua der Gefühle; ein Gretna-Green muß es in Deutschland geben, wo man, entfernt von den Kämpfen abendländischer Geister, sich mit dem All, dem Brahma des Hopfen-Himmels, dem lallenden Gebetszustand nach oberbairischer Vorstellung sich vereinigen kann. Diese Seligkeit ist....

Einheimischer (zornig).

Wenn nur ein Feuermeer dieses Phäaken-Nest vom Boden vertilgte oder eine Salzflut dieses Sodom mit seinen schwankenden Gestalten zu Stein erstarren ließe! .....

Fremder.

Pfui! — Wie kann man so Etwas sagen! — Pfui! Welche Lebens-Verachtung. Nein, Sie sind kein Münchner! Sie sind Ihrer Stadt nicht wert! Kein Glas Bier soll Ihnen mehr schmeken, keine Hure Sie anfunkeln! ..... Sie sind ein Peßimist, ein Waßertrinker, ein Pietist, ein Norddeutscher, Sie denken mir zuviel! ..... Kommen Sie, rasch noch eine Maas ..... Welche Stadt! Welche Stadt! —

IV.

Ueber die Dreieinigkeit

zwischen

einem Ateïsten und einem Staatsanwalt.

Vierter Dialog.

Ateïst.

Nun, das Schlimmste scheint jezt vorbei zu sein. Die Völker können wieder aufatmen.

Staatsanwalt.

Wieso? – Welches Schlimmste? – Wer will wieder aufatmen? -- Von' was reden Sie? --

Ateïst.

Ich meine, man hat sich geeinigt, das schwerste Joch von dem Naken der armen Deutschen zu nehmen, ein Joch, unter dem sie, bei der gedrükten Haltung, schließlich nichts Anderes tun konten, als zu lachen und schlechte Wize zu machen.

Staatsanwalt.

Und diese Leute wollen Sie auch noch aufatmen laßen?

Ateïst.

Sie verwechseln Ursache und Wirkung: Sobald sie sich erheben können, werden sie ernst; sie lachen und höhnen, weil ihnen in dieser Situazion nichts anderes übrig bleibt.

Staatsanwalt.

Reden Sie um Gotteswillen! Um was handelt es sich?: Planen Sie einen Umsturz der bestehenden Gesellschafts-Haltung — ich meine: ein gewaltsames Aufrichten der ...... Das heißt also: eine Aenderung der Bürger-Haltung?:

Ateïst.

Haben Sie nicht davon gehört?: es stehen bedeutsame Veränderungen in der Zusammensezung der Dreieinigkeit unmittelbar bevor.

Staatsanwalt.

Was soll das heißen? — Wir können das nicht brauchen! — Das gibt wieder einen Haufen von Büro-Schreibereien ..... Wir haben sowieso übergenug zu tun ..... wir beschäftigen jezt schon einige Hundert über-etatmäßige, unbesoldete Aßeßoren .....

Ateïst.

Es ging eben nicht mehr; — die Leute lachen .....

Staatsanwalt.

Es ging ganz gut; — wir vertreiben ihnen schon das Lachen .....

Ateïst.

Eine bestimte Fikzion läßt sich eben über eine Reihe von hundert Jahren nicht aufrecht erhalten. Schließlich komt Einer und plazt hinaus ..... oder Einer läßt die Maske zufällig fallen, und — nun laßen sie sie Alle auf einmal fallen — Alles lacht hinaus, und es zeigt sich, daß nur Einer auf den Andern wartete.

Staatsanwalt.

Nun, wo geht's hinaus?

Ateïst.

Man will an den „Drei" eine Aenderung vornehmen.

Staatsanwalt.

Diese brutalen Neuerungen ..... wir können das nicht mehr bewältigen ..... die Sache ging bisher so glatt: wir hatten drei Personen aber nur ein Delikt! was auch Einer gesagt oder blasfemirt hatte: Alles endigte in der Einen Spize; weil die Drei Eins waren. Wir können doch nicht drei Faszikel anlegen; das gibt wieder endlose Schreibereien ..... wer hat nur wieder diesen Unsinn aufgebracht?

Ateïst.

Man hat sich geeinigt. Es ging wirklich nicht mehr.

Staatsanwalt.

Nun, und wie heißt die Bescheerung?

Ateïst.

Man will also den heiligen Geist fallen laßen.

Staatsanwalt.

Um Gotteswillen, wo kommen wir hin? Das geht nicht. Der §. 166 ist ungeteilt. Wir stüzen uns auf das Athanasianische Glaubensbekentnis: drei Personen aber ein Paragraf. Wo kommen wir hin? Ich bitte Sie! Wir können den heiligen Geist nicht als Einzelform gebrauchen.

Ateïst.

Sie sollen ihn nicht haben. Er wird Ihnen nichts zu tun geben.

Staatsanwalt.

Ja, aber was wird denn dann aus diesem separirten Gott?

Ateïst.

Er verduftet! — das heißt: er wird eliminirt; ich meine: er wird auf dialektischem Wege beseitigt.

Staatsanwalt (ringt die Hände).

Das geht doch nicht! — Das geht doch nicht! — Sie können doch nicht einen Gott aus einem Paragraf hinauswerfen . . . . , was soll denn an deßen Stelle treten?

Ateïst.

Aeh . . . . . man äh . . . . . will sich auf den guten Geist des Volkes stüzen . . . . .

Staatsanwalt (wie oben).

Den gibt es ja nicht! — Damit können wir ja praktisch gar nichts anfangen! — Das ist ja ein ganz nebuloser, abstrakter Begriff! — Auf den kann man ja nicht 'nmal 'ne Anklage stüzen, geschweige ein Urteil formuliren!

Ateïst.

Das soll auch nicht geschehen. Es ist nur eine Art qui pro quo. Um dem Volke das Eine, den transzendentalen Geist, nicht allzu rasch zu nehmen, verweist man es auf den guten Geist, auf die gute Gesinnung, die im Menschen stekt, auf den Geist der Nazion u. s. w. —

Staatsanwalt.

Ich weiß nicht, wo das hinaus soll. Ich weiß nicht, wie wir da praktisch fertig werden wollen. Das gibt ja eine fürchterliche Unordnung! — — Das ist der große, schöne Zug, den ich am Christentum so bewunderte, es war so juristisch gedacht, es war direkt kriminalistisch so brauchbar, man formulirte Eine Anklage — mein Gott! wir haben doch ein monoteïstisches Religionssistem! — man formulirte Eine Anklage, was auch der Betreffende gesagt haben mochte, man warf ihm die Gotteslästerungs-Anklage in's Gesicht, er erbleichte, und man hatte dann seinen Mann — war's nun ein Profeßor, der sich auf der Rednerbühne hatte gehen lassen, oder ein Bauernflegel, der sein Maul hinter'm Bierglas überfließen ließ — man hatte seinen Mann, und er hatte seine 6—8 Monat oder ein Jahr weg, und Alle, Richter, Gerichtsschreiber, Akzeßisten, waren so zufrieden ..... Was machen Sie mir für eine Unordnung?! — Einen Gott aus einem deutschen Reichsgesez-Paragraf hinauswerfen! .....

Ateïst.

Es ist ja kein Gott.

Staatsanwalt.

Kein Gott? — Wie so?

Ateïst.

Es ist nur eine Person.

Staatsanwalt.

Eine Person?

Ateïst.

Ein Gott, aber drei Personen in der Gottheit.

Staatsanwalt.

Also ein Drittels-Gott; das gilt uns gleich; wenn nur: ein Paragraf.

Ateïst.

Eben nicht! Eben nicht! — Es gibt keinen Drittels-Gott! — Hier liegt es eben. Die Leute hielten sich an die Dreiheit, an die drei Personen, an die drei Götter. Es ist die Geschichte von den Antropomorfismen.

Staatsanwalt.

Was heißt das?

Ateïst.

Es ist die Geschichte von den Hosen.

Staatsanwalt.

Von was für Hosen reden Sie?

Ateïst.

Die Leute fingen an, ihre Götter anzuziehen, d. h.: sie anzukleiden, in Hosen zu steken. Kleider, Jaken, Schuhe, Pelzkappen, ganze Garderoben kamen zum Vorschein.

Staatsanwalt.

Um Gotteswillen!

Ateïst.

Ja, Sie sagen: Um Gotteswillen. Man weiß wirklich nicht, wie man da sagen soll. Und das Schlimmste war: sie konten die Trinität nicht festhalten; die Drei-Einigkeit; es scheint, es war gegen die Einrichtung der menschlichen Psiche. Die Fantasie verarbeitete das kleine Problem in ihrer Weise: Die Leute hatten von drei göttlichen Personen gehört, aber von einem Gott; und machten nun drei Götter daraus und zogen sie an. Man nent das Antropomorfismus, Vermenschlichung.

Staatsanwalt (besint sich).

Der Fall ist nicht vorgesehen. Soweit ist die Sache nicht strafbar.

Ateïst.

Entsezliche Dinge sind zum Vorschein gekommen!

Staatsanwalt.

Was Sie nicht sagen!

Ateïst.

Beim Konfirmazions-Unterricht hat sich herausgestellt, daß die Konfirmantinnen — nur im geheimsten Flüstergespräch war es zu erlauschen — sich den heiligen Geist männlich dachten .....

Staatsanwalt.

Ach!

Ateïst.

Ja, und in Hosen.

Staatsanwalt.

Um Gotteswillen!

Ateïst.

Umgekehrt bei den Knaben schien eine weibliche Figur die Vorstellung zu beherrschen: der heilige Geist in ganz leichter Umhüllung.

Staatsanwalt.

Entsezlich!

Ateïst.

Man brachte es nicht gleich heraus, was die Knaben darauf geführt haben konte.

Staatsanwalt.

Wahrscheinlich irgend ein verdorbenes Fantasie-Produkt.

Ateïst.

Nein, es war die Pallas Athene von der Schloßbrüke in Berlin.

Staatsanwalt.

Ist das konstatirt?

Ateïst.

Es ist konstatirt. Die Sache machte psichologisch das koloßalste Aufsehen. Und man will jezt damit aufräumen.

Staatsanwalt.

Womit? Mit den Brükenfiguren?

Ateïst.

Nein, mit der Trinität. Mit den Antropomorfismen.

Staatsanwalt.

Da haben wir's wieder! Das geht nicht! Wir müßen den Paragraf in seiner Einheit festhalten.

Ateïst.

Die Psiche weigert sich. Wir haben die Fantasie unserer jungen Leute .....

Staatsanwalt.

Das ist ganz gleich. Wenn die Einheit des §. 166 fält, dann rumpelt das Andere nach.

Ateïst.

Dann rumpelt das Andere nach. Die Oberkonsistorial-Behörde hat sich aber selbst dafür ausgesprochen.

Staatsanwalt.

Für was?

Ateïst.

Für eine Regenerazion der Trinität, für eine .....

Staatsanwalt.

Daß Sie sich nicht scheuen, ein solches Wort zu gebrauchen! Ueberlegen Sie doch um Gotteswillen, was Sie sagen! Sie springen ja mit Worten um, als ob ..... eines der Fundamente des Staates wollen Sie mit einem Hauch Ihres Mundes anihiliren! Sie sind ja schlimmer wie Hegel!

Ateïst.

Daß ich es gleich sage: ich bin da zufällig auf ein glükliches Wort gestoßen; das Wort gefält mir: Regenerazion der Trinität: es handelt sich um eine wahrhafte Wiedergeburt .....

Staatsanwalt.

Was soll denn wiedergeboren werden?

Ateïst.

Die Fantasie unserer Kinder; die jungen Leute sollen wieder klar sehen; sie sollen frei umherschauen können, sollen Apollon und Aphrodite mit heller Freude betrachten können, ohne sie als Musterkarte zu nehmen, ohne an ihre Katechismus-Figuren zu denken, ohne den Himmel mit Hypostasieen zu bevölkern, die Hosen und Jaken tragen. Die Schönheit sollen sie in der Natur sehen und die Religion im Herzen tragen .....

Staatsanwalt.

Sie reden ja wie ein Pietist. Was sollen sie für eine Religion im Herzen tragen? Den heiligen Geist haben Sie schon zerstört .....

Ateïst.

Als Taube zerstört. — Als Pallas Athene! — Als idealen Töchterinstitutslehrer mit ausgefranzten Hosen und blondem Vollbart! — Der heilige Geist ist keine Taube, ist keine Pallas, ist kein Institutslehrer mit M. 900 Gehalt.

Staatsanwalt.

Was ist denn der heilige Geist?

Ateïst.

Der heilige Geist ist unsere Gesinnung. Es ist unser Woltun und Mitteilen. Ist unser Erbarmen, unser Mitleid. Ist unsere Sprache im Reichstag und vor dem König. Ist unser heiliges Widerstreben und unsere Oposizion. Ist unsere Vaterlandsliebe, unsere Entsagung; unsere Uneigennüzigkeit und unser Bürgersinn ..... gegen den braucht es keinen §. 166; den kann man nicht beleidigen; für den braucht es keine Figur, weder eine Nudität noch einen Vogel.

Staatsanwalt.

Gehen Sie! Sie reden wie der Herwegh.

Ateïst.

Wir sind noch nicht fertig! Wir wollen auch die zweite Figur zertrümmern!

Staatsanwalt.

Welche zweite Figur?

Ateïst.

Den Herr Gott.

Staatsanwalt.

Den Herr Gott! Und das Gewißen schlägt Ihnen nicht?

Ateïst.

Nein!

Staatsanwalt.

Ist denn das nicht die ehrwürdige Figur, die seit fast 2000 Jahren unser Denken beherrscht, gütig und voll Hoheit zugleich, mit jenem erbarmungsvollen Blik .....

Ateïst.

Sie denken an das Mosaik in Ravenna. Es ist jezt wieder hergestellt. Der alte Goldgrund ist prächtig geworden. Aber die Deutschen haben sich nie an das Bild gehalten.

Staatsanwalt.

An das Bild ..... ist denn die ehrwürdige Gestalt nicht uns Allen gemeinsam?

Ateïst.

Nein, in Deutschland ist es meist der alte Oberförster im grauen Vollbart, der in einer Michelangelo'schen Draperie immer „durch den Wald geht", und pensiv mit dem Zeigefinger auf seine Stirne verweist...

Staatsanwalt.

Sie freveln. Wer sagt Ihnen das?

Ateïst.

Man hat es herausbekommen. Eine Zweigabteilung der Londoner „society for psychical research" hat in Deutschland 500 Schulkinder ausgefragt, und immer kam der alte Oberförster heraus.....

Staatsanwalt (wankt zurük).

Das ist frevelhaft. Ich weiß nicht, ob der Fall vorgesehen ist.... (besint sich) im Moment kann ich nicht sagen, unter welchen Paragraf dieser kriminelle Akt subsumirt werden kann — und das paßirt mir selten — in jedem Fall muß eine Kinder-Schuz-Gesezgebung inaugurirt werden..... das ist ja die reinste Kinder-Vivisekzion!.....

Ateïst.

Ja, man wolte wißen, wie es in den jungen Köpfen ausschaut.

Staatsanwalt.

Und Sie fürchten sich nicht vor dem Zorn des allmächtigen Gottes?

Ateïst.

Ich bin gegenwärtig Sprecher einer freireligiösen Gemeinde, und konte mich leider an den Studien nicht beteiligen; den Winter über habe ich meist Versammlungen zu leiten und den Nachmittags-Unterricht an Kinder zu erteilen, gegen das Frühjahr zu werde ich meist verhaftet.

Staatsanwalt.

Aber erwägen Sie doch das Ungeheuerliche! — Sie scheinen ja sonst ein ehrlicher Mensch zu sein — erwägen Sie doch das Ungeheuerliche, eine Staatsordnung zerstören zu wollen, den Grund, auf dem unser Königtum wie die Gesellschaft ruhen, den Handgriff des Justizministers wie die Anklagemöglichkeit des Staatsanwalts, die Salbungsordnung des höchsten Adels wie den Ritterschlag des Johaniter-Ordens, die Mauer der Generalsuperintendenten wie die Zufluchtsstätte der Diakonißinnen ..... das, worauf unsere Dome ruhen, dieses granitne Fundament wollen Sie zerstören .....

Ateïst.

Gedanken sind stärker wie granit'ne Fundamente; wir wollen .....

Staatsanwalt.

Sie sind ein Barbar! Gott haben Sie gelästert, den heiligen Geist haben Sie zu einem Strohwisch degradirt, wollen Sie sich auch an dem Heiligsten vergreifen, an Ihm, der kein Begriff, oder etwa nur eine Vorstellung war, wofür Sie das Göttliche halten, sondern der auf Erden gewandelt ist, an Jesum Christum, der die Dornenkrone getragen hat?

Ateïst.

Wir haben persönlich nichts gegen die Dornenkrone. Jeder fühlt die Stacheln in seinem Leib. Und wer — hören Sie! — seine höchsten und heiligsten Gedanken an Stelle des Alt-Hergebrachten sezen will, wer seinen Kopf um Alles in der Welt durchsezen will, wird — hören Sie! — mehr leiden müßen, als Irgend ein Anderer, der im 2000-jährigen Geleise bleibt — ja, wird den Tot erleiden müßen und die Dornenkrone tragen müßen . . . . .

Staatsanwalt.

. . . . . Er, der sein Blut für uns vergoßen, der sein Leben auf der Schlachtbank für uns dahin gegeben hat.

Ateïst.

Ja, da kommen wir schon wieder auseinander!: Kein Mensch kann sein Blut für mich hingeben, wenn ich nicht mag. Ich kann mit dem Blut von keinem Menschen Etwas anfangen, für den, oder für deßen Blut, ich kein Intereße habe.

Staatsanwalt.

Was, Sie leugnen den Versöhnungstot Christi, die Lehre von der Erlösung durch das auf Golgatha vergoßene Blut?

Ateïst.

Ich halte das ganze Christentum für ein Blut-Ritual, für ein hundertmal schlimmeres und wahrhaftigeres als das angebliche Blutritual der Juden . . . . .

Staatsanwalt.

Und der Erdboden verschlingt Sie nicht?

Ateïst.

Nein! Laßen Sie sich eine Geschichte erzählen.

Staatsanwalt.

Und Sie atmen noch im Christlichen Staat?

Ateïst.

Ja, laßen Sie sich eine Geschichte erzählen.

Staatsanwalt.

Eine anständige, wenn ich bitten darf.

Ateïst.

Vor mehreren Jahren lernte ich einen jungen Mann kennen, in jeder Hinsicht ein prächtiger Bursch, blond, gesund, offen, heiter, tüchtig, gebildet, ein in jeder Hinsicht klarer Kopf, dabei in seinem Gemüt kindlich, weichherzig, vornehm, sauber, in der Sprache Etwas Berükendes, Ueberzeugendes, Für-sich-Einnehmendes — nur, daß er sich zufällig für den deutschen Kaiser hielt .....

Staatsanwalt.

Hoz Donnerwetter! Was soll das heißen?

Ateïst.

Notabene: ohne daß er es zufällig war .....

Staatsanwalt.

Ja natürlich selbverständlich.

Ateïst.

Und der sich wegen dieser einzigen Idee im Irrenhaus befand.

Staatsanwalt.

Selbstredend, ganz außer allem Zweifel.

Ateïst.

Dort hielt er sich ruhig, geordnet, war fleißig, sittsam, freundlich, ein guter Beobachter, der die Krankheiten seiner Mitinsaßen wohl erkante, über sich selbst ebenfalls ganz klar, der den Aerzten gegenüber nur von dem unberechenbaren Zwang seiner einzigen Ueberzeugung sprach — ich höre ihn heute noch, wenn er mit seiner aufrichtigen Stimme, wenn man Gäste durchführte und ihm seinen Wahn hervorlokte, ruhig sagte: ‚Ich kann's nicht anders sagen, als: ich bin der deutsche Kaiser!‘ — der den Widerspruch seiner Kaiser-Idee zu seinem Aufenthaltsort klar erfaßte, und doch unverrükbar dabei stehen blieb.

Staatsanwalt.

Ein intereßanter Fall, ein sehr intereßanter Fall.

Ateïst.

Nun sehen Sie, Ihr Jesus Christus, das war auch so ein ‚deutscher Kaiser‘.

Staatsanwalt.

Um Gotteswillen, wo kommen Sie hin?

Ateïst.

Natürlich nante er sich ‚König der Juden‘. Es ist genau der gleiche Tipus. Nur hatte dieser Galiläer sich nebenbei ein entzükendes etisches Sistem ausgebildet. Und das kam bei dieser Gelegenheit — bei seinem Konflikt mit der Staatsbehörde — zum Vorschein. Und das war eigentlich der Kern von der Nuß.

Staatsanwalt.

Sie lästern — das sind zwei Jahre — §. 166 — erschwerende Umstände.

Ateïst.

Auch der junge Mann, von dem ich oben sprach, hatte immer die Neigung, in kleinen, süßen, die Welt mit Liebe umfaßenden, Lebensregeln sich zu ergehen. Schon die ganze Erscheinung war eine Herzlichkeit. Wenn er nur nicht ‚deutscher Kaiser' hätte sein wollen.

Staatsanwalt.

Hierin lag ja eben die Krankheit.

Ateïst.

Nein, sehen Sie gerade diese harmlosen, gutmütigen, kindlichen, unschuldigen Menschen sind es, aus denen der Wahn wie ein Dämon, man weiß nicht woher, hervorbricht. Mit ‚Krankheit' kommen Sie hier nicht aus. Sie müßen den Begriff weiter nehmen. Das Merkwürdigste ist, daß solche Menschen, weit entfernt, sich von Andern korrigiren zu laßen, durch ihre Hartnäkigkeit — oder gar wenn die Dornenkrone hinzukomt — Andere zu sich bekehren, so daß es den Eindruk macht, die in ihnen wirkende geistige Potenz habe durch ihre Mächtigkeit die Anderen, Schwächeren sich unterworfen und zu Werkzeugen herangebildet.

Staatsanwalt.

Aber ich bitte Sie, Christus war doch Gott, und Ihr junger Mann ein Narr.

Ateïst.

Ja, wir haben ihn zum Gott gemacht, wir können ihn auch wieder entgotten; können ihn wieder zum jungen, kranken, einfachen Menschen machen, zum Monomanen, wie jenen jungen Mann, und sein Bestes, seine Morallehre, für uns behalten: Liebe deinen Nächsten, wie dich selbst! Alles komt auf uns an. Wenn Sie und ich wollen ist Er entgottet. Das ist ein Prozeß, der sich in uns vollzieht. Und wir sind die höchste Instanz. In Berlin warten eine Milljon Menschen auf diesen Prozeß.

Staatsanwalt.

Gott ist doch das Absolute. Und Sie erinnern sich doch der Taube — über dem Jordan — die sich auf ihn herabsenkte.....

Ateïst.

Ja, daß heißt, der jüdische Staat ging damals mit Jesus genau so um, wie der moderne Staat mit dem jungen Mann, der sich für den deutschen Kaiser hielt. Nur gab es damals keine Irrenhäuser. Also wurde Jesus unter irgend einen Paragraf — diese Dinge sind Ihnen geläufig — eingeschachtelt, und als politischer Verbrecher hingerichtet. Uebrigens kante man damals Geisteskrankheiten ganz genau, und seine ganze Verwantschaft hielt ihn für geisteskrank. Wenn Sie die 3 ersten Evangelien mit kritischem Blik zu lesen im Stande sind und von den ewigen und unausstehlichen Euphuismen und Floskeln der damaligen griechischen Biografen-Schreiber absehen, auch die in ihrer Regelmäßigkeit geradezu belustigenden Interkalazionen:

‚dies geschah aber, damit erfüllet würde, was der Profet sagt' als willkürliche Zutaten in Abzug bringen — die protestantische Teologie ist seit mehr denn einem Jahrhundert mit dieser Analise beschäftigt — dann erkennen Sie den Vorgang deutlich in seiner politisch-bürokratischen Abwiklung. Sie sehen die Familie, die Mutter, die Brüder, die hinter dem armen Gefolterten dreinlaufen und die neugierige Menge apostrofiren, nicht auf ihn zu hören, es sei nicht richtig mit ihm im Kopfe (Mark. 3, 21); Sie können den Bezirksamtmann erkennen, der „von der Anschauung ausgeht, daß", den Kreisfisikus mit seinem Hörrohr, der „nach Alledem zu der Meinung komt, daß wir es hier zweifellos zu tun haben", die Spizeln, Häscher, agents provocateurs, Amtsmienen, Sekretäre, Federbüsche, kurz den ganzen administrativen Apparat, um so einen armen Teufel auf den Richtplaz oder in's Irrenhaus zu bringen.

Staatsanwalt.

Das käme dann darauf hinaus, daß das ganze Christentum nur ein Betrug ist?

Ateïst.

Das hat Ihnen doch schon Friedrich II., der große Hohenstaufen-Kaiser gesagt, der in Palermo begraben liegt. Das hat Ihnen dann der andere Friedrich II., der große Friz, wiederum gesagt, der in Potsdam begraben liegt. Und das hat Ihnen Bruno Bauer gesagt. Wie oft soll man's Ihnen denn noch sagen? — Uebrigens .....

Staatsanwalt.

Hören Sie auf! — Hören Sie auf! — Sonst rufe ich eine Kellnerin herbei und konstituire die Oeffentlichkeit und Sie werden wegen Gotteslästerung zur Höchst-Strafe, zu 3 Jahren Gefängnis, verurteilt. — Mir schaudert!

V.

Ein Liebes-Dialog

im Geiste aller Zeiten

zwischen

Ella und Louis.

Fünfter Dialog.

Ella.

Du siehst mich noch immer an?

Louis.

Noch immer, noch immer.

Ella.

So starr!

Louis.

Ich komme nicht weg.

Ella.

Dieses Schwarze aus Deiner Pupille bohrt sich wie ein Dolch ein, und ich weiß nicht, welche Empfindungen es in mir erwekt.

Louis.

Es sind Alles nur Ahnungen und Andeutungen, Simbole für unsichtbare Dinge — bis die Tat geschehen.

Ella.

Kannst Du mir nicht sagen, was Du jezt denkst?

Louis.

Unmöglich. Und wenn — so möcht' ich es nicht wißen. Und wenn — so möcht' ich es nicht sagen.

Ella.

Und ich soll immer warten?

Louis.

Das ist Dein Loos. Wir müßen auch warten, nur auf uns selbst. Ihr — müßt auf Andere warten.

Ella.

Weißt Du, was das heißt: immer warten müßen? Ein junges Mädchen sein und immer warten müßen? Immer zusehen, ob auf der andern Seite 'was geschieht, ob der Blik rolt? Und wenn — dann gleichgültig scheinen und sich verstellen? Und wenn nicht — dann loken müßen? Den Stolz verschluken? Und dann immer stärker loken müßen? Mit gelben Kleidern und Moschus und Opoponax? Bis endlich — endlich — und dann nicht den Kopf verlieren, die Situazion ausnüzen, während Er balzt? — Und dann von den Nachbarn bespukt werden? Und von den Freundinnen angeschrieen werden? Und Ihm noch den Wahn vertreiben, als wär' Er betrogen worden? — Weißt Du, was das heißt? —

Louis.

Sprich nicht so keuchend. Bewege Dich nicht, wie eine Bestie. Ich weiß, daß Ihr auf Raub ausgehen müßt. Und daß ein Turmfalke mehr erwischt, als wie ein Spaz.

Ella.

So sich abmühen müßen! Für diesen einen Moment, in dem der Himmel über uns einzustürzen scheint! Für diese paar Sekunden, in denen wir zur Menschen-Konkurenz zugelaßen werden! Und die wir mit Schmerzen, nicht mit Lust, genießen! So viel Berechnungen! So viel Spekulazionen! So viel Ellen Kaschmir! So viel Stiefletten! So viel Equipaschen, Odörs, Fächer, Operngläser, Tanzstunden .....

Louis.

Deine Brust geht hoch, wie ein Meer.

Ella.

Weil ich den Sturm in Deinem Auge heranziehen sehe.

Louis.

Zwischen Deinen Augenbrauen, hier, wo die kleinen Falten sich bilden, da liegt eine ängstige Stelle.

Ella.

Weil ich nicht weiß, ob Du mit vollen Segeln fahren wirst. Ob Du den Sturm brechen wirst.

Louis.

Um die Lippen ein kranker, abgehärmter Zug wie Enttäuschung, Verachtung, Ekel, Abgenuztheit.

Ella.

Die Angst vor Feiglingen. Vor Männern, die umbiegen. Vor Schwäzern. Vor Maulhelden. Vor Herkuleßen, die mit dem Löwenfell in der Sonne spazieren gehen, und immer die Keule zu Haus gelaßen haben.

Louis.

Dein Haar zittert und kräuselt sich. Dieser Duft ist undefinirbar, man kann ihn nur Ella nennen; es gibt kein tertium comparationis ..... nur diese eine Welle laß mir .....

Ella.

Sprich jezt nicht spanisch; sondern handle deutsch; da — hier berausche Dich — und nenn' es dann, wie Du willst (sie schüttet ihn mit ihren Haaren zu).

Louis.

Ich will auch Deine Achselhaare bewundern.

Ella.

Laß es! Laß das! Ich bin kein Ballettmädchen, das in die Proszeniumsloschen koketirt.

Louis.

In diesen kleinen Löckchen nisten die Liebesgötter am liebsten.

Ella.

Du mußt mich bei Vernunft behalten. Beide dürfen wir nicht den Verstand verlieren. Eines muß steuern.

Louis.

Ich will auch den Tau von diesen Armen trinken, von diesen vollen, die weich wie mit Wolle von Schafen umkleidet sind.

Ella.

Muß das, was uns die Angst auspreßt, erst in Perlen auf unserer Haut stehen, bis wir Euch begehrenswert erscheinen?

Louis.

Hier hat der Impf-Doktor seiner Zeit seine Lanzette eingesenkt: Eins, Zwei, Drei, — o hier! Vier, Fünf, Sechs, — noch Eins: Sieben Male — als wenn ein junger Knabe seine Fingerspizen hier eingedrükt, als wenn Eros Dich hier berührt hätte, und eine giftige Säure hätte die Eindrüke festgehalten, — Sieben Impf-Male — wie das reizend steht! — wie ein Perlen-Armenband — ein Braßlett des schwarzen Totes — und sie sind silberweiß —

Ella.

Und das macht Dir Freude? — Du Kind!

Louis.

Die wachsende Fülle, Deine Körperlast, die Ueppigkeit Deines Fleisches hat die Narben auseinandergetrieben, und nun stehen sie groß wie Nelken, gesprengelt und getüpfelt.

Ella.

Du Kind! — Daran belustigst Du Dich?

Louis.

Es ist wie ein Zeichen der Echtheit. Es ist das garantirte, abendländische Weib. Nur Ihr habt diese großen, strahlenden Kerzen auf den Armen, Ihr Weiber, Alles bauscht Ihr auf, macht Krinolinen darum, macht Alles größer, sogar Wunden und Schmerzen, wikelt Alles in weiße Schürzen ein, um uns zu blenden, zu betäuben....

Ella.

Mein Gott! Wir achten doch nicht darauf. Was wißen wir als kleine Kinder?

Wir werden hingetragen, und der Arzt sticht hinein.

Louis.

Und die Natur macht Alles schön bei Euch. Sogar Reue, Kummer, Gram, Wunden, Totesfälle in der Familie, offizielle Trauer, Bleichsucht, Ohnmacht, Alles schlägt bei Euch zum Besten aus, und wir — müßen bewundern — müßen anbeten, — müßen werben (er drükt sie heftig an sich, küßt sie).

Ella.

Du Narr! Du zerbrichst mich!

Louis.

Ich kann nicht mit leisen Erosfingern kneten, wie der Knabe, der hier Deine Haut berührt hat; bei mir geht es auf die Knochen.

Ella.

Bist Du fertig mit Deiner Narben-Rede?

Louis.

Ich sprach so lange von diesen hübschen Narben, — aus Verlegenheit — weil ich hoffte, es werde mir ein Wort einfallen, um den Geruch Deiner Haare zu bezeichnen, die mich berauschen, und die ich nicht weiß, wie ich sie nennen soll......

Ella.

Da, Du Hamster (sie überschüttet ihn auf's Neue mit ihren Haaren).

Louis.

Es ist wie Nuß — wie Haselnuß — aber 1000 mal verdünt — und etwas brenzlich —

Ella.

Du spinst Fantasieen!

Louis.

Ihr könt es nicht riechen. Ihr habt nicht die Organe dazu. Blondes Haar ist wie ein Geruch, der von tausend Stunden herkomt, gerade noch erriechbar, ein Geruch aus der Vergangenheit — besonders Gekräuseltes .....

Ella.

Junge, Du willst mich verrükt machen!

Louis.

Der Zug um Deine Lippen ist jezt milder, weicher, freudiger.

Ella.

Weil ich dir jezt vertraue. Weil ich weiß, daß du stark bist. Weil ich weiß, daß Du mich verteidigen würdest; daß Du nicht davonliefest — aber Du bist verrükt — jezt wenigstens in diesem Moment bist Du verrükt — und vielleicht ist das das Wertvollste, was Ihr Männer besizt ....

Louis.

Deine Lippen werden troken, rüffig, beweglicher, der starre Zug ist gewichen, ein Frösteln und Zittern durch diese Deinem Willen entzogenen blaßroten Rüfen, dies deutet Grausamkeit an, oder Angst davor, — es ist nicht schön — Du bist jezt nicht schön — diese Züge sind brutal, tierisch — Du bist jezt auch nicht Du — nicht, die Du im Leben bist — in Dir wütet jezt auch ein Verhängnis .....

Ella.

Sei still — und beobachte nicht. Denke nicht beim Küßen. Oder sprich, dann aber laß mich in Ruh'. Du Peiniger! Du liegst furchtbar schwer auf mir. Siehst Du denn nicht, daß meine ganze linke Brust gequetscht ist. Du Freßer! Nein laß das! Nein, ich will mich nicht entblößen. Ich — äh — ich schäme mich ..... Ich will durchaus nicht tugendsam scheinen. Ich bin keine Baletöse. Aber dies kann ich nicht leiden. Nein, ich bitte Dich, knöpfe hier nicht auf. Laß die Achsel. Du kanst doch auch so. Du Tirann! — Du zerreißt mein Hemd! — So — jezt ist mein Hemd zerrißen — der Stikeinsaz — der kostet allein M. 1,50 — den hat meine jüngere Schwester gemacht. — Du meinst wohl .....

Louis.

Sei ruhig! — (küßt sie heftig) sonst erdroßele ich Dich ..... ich schimpfe Dich! — Nimm Dich in Acht, Du .....

Ella.

Pst! — Horch! — war das nicht die Tür?

Louis.

Welche Tür?

Ella.

Die Gang-Tür. — — Ja, weiß Gott ....

Louis.

Hast Du nicht zugemacht?

Ella.

Wo? — Draußen? — Nein!

Louis.

Nein hier, die Zimmertür.

Ella.

Natürlich — die ist zu. — Aber das hilft mich nichts. Sie wißen doch, daß Du da bist.

Louis.

Dürfen sie's nicht wißen?

Ella.

Ach wohl. — Aber ich will's nicht haben, — Wegen meiner Mutter, — ich schäme mich doch, — weil sie sich schämt.

Louis.

Es hat Dir also Niemand 'was einzureden.

Ella.

Mir? — Ach nein — sie sind ja alle arm! —

Louis.

Deine — Mutter — Deine .....

Ella.

Ach ja! — Vater ist ja krank — der liegt ja schon seit 10 Jahr — kann sich nicht bewegen — der liegt immer auf dem Rüken — liest immer Gesangbuchslieder — „Befiehl Du Deine Wege ....“ — ganz laut mit der Brille.

Louis.

Der weiß aber nicht, daß — Du ....

Ella.

J wo? — Der erschlüge mich mit der Bettscheere — der will doch immer haben, daß ich Diakonißin werde.

Louis.

Nun und die Andern?

Ella.

Ach Ida — na die is ja doch beim Weißnähen — die lernt doch noch.

Louis.

Wie alt ist die?

Ella.

Ach die ist doch erst 15 Jahr.

Louis.

Wird die ebenso hübsch?

Ella.

Ach Gott, ich weiß nicht — ist en ganz nettes Mädchen .....

Louis.

Nun und die Mutter?

Ella.

Ach die Mutter ist ja furchtbar fleißig — wäscht den ganzen Tag — und wäscht auch außer dem Hause — aber die muß ja doch für Vater sorgen — und dann hab' ich doch noch zwei Brüder .....

Louis.

Zwei Brüder!

Ella.

Ja — und der Eine kommt jezt auf Lateinschule, der braucht Cornelius Nepos und die lateinische Grammatik von Elend — die hab' ich heute gekauft — dort liegt sie — und Hefte und Geschichtsbuch —

und was der Junge zerreißt ..... und was der ißt .....

Louis.

Das ist ja unglaublich ..... nun, und der Andere? —

Ella.

Ach, der ist ja fein heraus — der ist Schloßer — das is en geschikter Mensch — der verdient für seine 20 Jahr en hübsches Stük Geld — aber nu will er heiraten — seine Elise — 'ne dumme Schußel — und da hat er mich nun — ‚für's Erste' — ‚zum Anfangen' — auch um 300 Mark angebettelt — nu, was will ich denn machen? — ich hab's ihm doch geben müßen — mein Gott! die ganze Familie liegt ja doch auf mir .... (liebkost ihn) Ach nein, Du darfst nun kein Gesicht machen — ich sag' Dir das nicht deswegen —

Louis.

Kind, — ich bitte Dich .....

Ella.

Horch! — nu ise draußen! — Es war Mutter. — Die hat nur nach Vater gesehen — nu ist die Luft rein —

Louis.

Wo liegt denn Dein Vater?

Ella.

Der liegt ganz hinten — ach, der ist ganz zufrieden! — nu hatse doch nichts gemerkt! — Sonst hätt' ich heute Abend wieder meine Schimpfe bekommen .....

Louis.

Ja, aber mein Gott! . . . . .

Ella.

Ach Gott, Du fragst und fragst . . . . . Du bist wie ein Kind . . . . . Komm' her! sei lieb! — Gott, was Du für en Gesicht machst! . . . . .

Louis.

Gott, wenn ich das Alles höre . . . . .

Ella.

Nu was denn?

Louis.

Ach, alles dies Elend —

Ella.

Dummer Junge, die Grammatik ist nur von Elend.

Louis.

Ach, das ist Alles so traurig!

Ella.

Was bildest Du Dir ein?! — Wir sind gar nicht traurig! — Man muß „das Läben äben nähmen", sagt der Sachse. — Wir haben heute Dampfnudel mit Zwetschgen gehabt, und der Kleine hat gegeßen — na beinahe hätt' ich gesagt: wie en Schloßer! — also: wie en Drescher . . . . .

Louis.

Und der Schloßer?

Ella.

Der Schloßer ißt Mittags nicht zu Hause.

— Also nu man lustig! — „Siropp!“ sagt der Engländer.

Louis.

Was sagt der Engländer?

Ella.

„Siropp!“ oder „Sirupp!“

Louis.

Ach: cheer up! — Das heißt: Sei lustig! — Das hat aber mit Sirup nichts zu tun.

Ella.

Na, das 's egal. Wenn der Mann nur süß ist.

Louis.

Na, erzähl' mir sonst Etwas, Kind. Wie lebst Du?

Ella (verhüllt das Gesicht).

Ach — miserabel! — Ach, es ist 'n Unglück .....

Louis.

Aber wieso? — Du bist doch hübsch! Du hast 'nen Haufen Verehrer — gestern, in der Konditorei, drängte sich ja Alles um Dich — Du wählst Dir Den aus, der Dir gefällt — und dann —

Ella.

Und dann?

Louis.

Bist Du versorgt. — Und Nachts hast Du ja Deine Ruhe.

Ella.

Ach, was Du Dir nicht Alles vorstelst! .....

Louis.

Wieso?

Ella.

Meinst Du denn, das geht nur so?....

Louis.

Na, wie denn?

Ella.

Und das Schikaniren — und die Plage — und die Not — und das Aufpaßen — und die Verachtung — und das Feilschen — und die Krankheiten — und die Zumutungen — und doch immer elegant — und immer freundlich — und immer schik — und immer in Handschuhen..... und dann — plötzlich winkt ein Herr

Louis.

Ein Herr winkt?

Ella.

Ein Herr in Uniform — und Du verschwindest — ohne Rettung — ohne Hülfe — wie eine Blume, die man von der Wiese bricht — verduftest — fort!.....

Louis.

Du kanst Dich doch verteidigen?

Ella.

Nichts kanst Du! Du bist rechtlos, Du bist kein Mensch mehr, bist eine Sache — ein Stük Gepäk, welches man auf der Eisenbahn aufgibt..... Das heißt: Du bist ein Mensch, und man betont dies Wort ausdrüklich noch besonders — aber in Wahrheit bist Du eine Sache — — weil.....

Louis.

Weil?

Ella.

Weil Du Deinen Nebenmenschen Freude gewährt hast — weil Du ein Mädchen der Freude bist — ein Mädchen aus dem Volk, das nicht lange über seine Gaben nachgedacht hat .....

Louis.

Und dann?

Ella.

Und dann — erscheinst Du in einem Saal, grün drapirt, und da sizen ernsthafte Herrn, in Röken und Kappen, bebrillt, mit dicken Foljanten ..... und da geht es dann an ......

Louis.

Nun?

Ella.

Von der sitlichen Weltordnung — und dem Winken mit den Augen, und den Bliken, und dem Kleine-Schrittchen-machen, und dem Weiße-Rökchen-Bauschen und den hohen Stifletten ..... und Alles ist verboten — Alles ist Sünde — Alles ist gesezlos .....

Louis.

Und dann heißt es?

Ella.

Dann heißt es: auf so und so lange als Bestie verschikt, und geknebelt, und beschimpft, und ausgehungert, bis die Brüste welken, und ausgedört, bis die Augen erlöschen .....

Louis.

Und dann?

Ella.

Dann — erstikt der Laut — und die Seele erstikt — und es fallen Einem Gesangbuchsverse ein — und ich höre den Vater deklamiren: „Schmücke Dich o liebe Seele . . . . .“

Louis.

Und dann?

Ella.

Und dann — dann — nach Wochen, nach Monaten, nach einem Viertel-Jahr — wenn Du wieder in Deinem Stübchen sizst — und hast wieder Deine weiße Wäsche — und bist wieder voll und blühend — und die Veilchen duften durch's Zimmer — und es ist Samstag Abend — dann kommen sie — diese Herrn —

Louis.

Welche Herrn?

Ella.

Die Herrn aus dem grünen Zimmer . . . . .

Louis.

Die Herrn aus dem grünen Zimmer?

Ella.

Die selben Herrn aus dem grünen Zimmer — mit ihren Brillen — die Herrn Doktoren und Aßeßoren und auch manchmal: Pastoren — und der Eine will ein weißes Hemdchen, und der Andere will ein gelbes Hemdchen, und der Dritte ein seidnes Hemdchen, und der Vierte ein Spizenhöschen, und der Fünfte will nur die Strumpfbänder lösen, und der Sechste will mit den Schuhsolen auf den Kopf geschlagen werden, und dem Siebten fällt der Zwiker hinunter — — jezt schillert die sitliche Weltordnung in allen Farben, und geht kühn einher, wie eine Dirne, und schäkert in kleinen Schrittchen, und trägt hübsche Stiefletten, und schmeißt mit den Bliken, und bauscht die Unterröke ...... was hast Du denn? — aber, so wein' doch nicht!.....

Louis.

Ach, das ist ja Alles so gräßlich!.....

Ella.

Das ist doch kein Grund zum Weinen! — Komm', mein Junge, sei vernünftig — es ist die hohe Polizei und das Christentum — welches uns diese Behandlung zu teil werden läßt — wenn das erst vorbei ist, dann wird es auch mit uns besser werden.....

Louis.

Was hat denn das Christentum hier zu tun?

Ella.

Ach Jotte, Du weißt ja doch: am Charfreitag dürfen wir nicht ausgehen — weil unser Herr und Heiland für uns nicht gestorben ist — am Charsamstag dürfen wir kein Eßen holen, weil wir auch zum Abendmahl nicht gehen dürfen — und am Ostersontag dürfen wir nicht unter der Sonne spazieren gehen, weil doch unser Herr und Heiland für uns nicht auferstanden ist — wir Mädgens bleiben dann allemal im Bett liegen und lesen Sacher-Masoch ..... aber so wein' doch nicht, mein Junge. — Hier, nimm mein Taschentuch! — Wart', das is schmuzig! — wart', ich hol' Dir eins!

Louis.

Nein, bleib im Bett! — Es geht vorbei .....

Ella.

Nu heult der wie 'n Schloßhund! ..... Komm, sei lieb — mach keine Dummheiten! — Jotte, is das en Mannsgeschlecht! — Ich hab' doch gar nichts gesagt! — Hier hast Du meine Haare, Du Freßer! — — Nu, ich hätte Dir doch en Taschentuch geholt! — Nu sieh 'mal, puzt der sich an meinem Hemdeinsatz ab.

Louis.

Das macht ja nichts; 's ist ja nur Waßer.

Ella.

Nein Tränen sind's.

Louis.

Du sagtest doch, Du müßest nun doch das Hemd in die Wäsche geben.

Ella.

So hab' ich's nicht gemeint. Ich meinte, das Hemd sei zu schlecht für Dich und wolte Dir 'n Taschentuch holen.

Louis.

Ist für mich grad' gut genug.

Ella.

Na, wenn Dir's nichts macht.

Louis (rüttelt sie).

Du grauenhaftes Frauenzimmer!

Ella.

Du, hör' 'mal!

Louis (sich verbeßernd).

Ich wolte sagen: Du Kanalje!

Ella.

Na, das is nicht viel beßer.

Louis (küßt sie).

Du Pracht-Geschöpf!

Ella.

Nu wirst Du wieder vernünftig.

Louis.

Ihr sezt Einem ja mit Fäusten den Kopf zurecht — mit brutalem Schimpfen.

Ella.

Wer hat geschimpft? — Du hast geschimpft!

Louis (küßt sie).

Aus Verzweiflung.

Ella.

Schon wieder Verzweiflung?

Louis.

.... Um Dich ganz in der Hand zu haben — Dich fest in meinem Kopf zu haben — um Dich aufzufreßen ....

Ella.

Gott, brüll nicht so!

Louis.

Jezt gehörst Du mein!

Ella.

Noch nicht!

Louis.

Rühre Dich!?

Ella.

Gott, faß' mich nicht so! — Du tust mir weh!.....

Louis.

Rühre Dich?!

Ella.

Gott, das tut mir weh!

Louis.

Ich hab' kein Erbarmen mit Dir! — Du hast mit mir auch kein Erbarmen gehabt.....

Ella.

Weil Du nicht wußtest, was Du..... Gott, drük' mich nicht so!

Louis.

Laß mich Deinen Busen seh'n!

Ella.

Ich mag nicht.

Louis.

Das ist ja schon zerrißen ..... fort mit dem Einsaz!

Ella (schreit).

Nu reißt Der mir das ganze Hemd entzwei.

Louis.

Dein Schwesterchen näht ihn Dir wieder hinein.

Ella.

Ja, dafür muß ich aber bezahlen.

Louis.

Du bezahlst ja für die ganze Familie.

Ella.

Sieh 'mal hier, da hat mich vorgestern ein Herr gebißen.

Louis.

War das der Herr aus der Konditorei?

Ella.

Ja natürlich.

Louis.

Ja natürlich? — Also doch! ....

Ella.

Gott, ich weiß ja nicht, was Du meinst.

Louis.

Dann hast Du mich also doch angelogen. —

Ella (schreit).

Gott — laß mich! — Was fält Dir ein? — Mmmm! — Du bist wohl verrükt. Du brichst Einem ja die Knochen entzwei.

Louis (küßt sie).

Du Pracht-Geschöpf! — aus der Hand Gottes tadellos hervorgegangen .....

Ella.

Ja, aber aus Deiner Hand werd' ich kaum tadellos hervorgehen .....

Louis.

Du Hure, Du — zerstörst jede Begeisterung .....

Ella.

Laß mich — halt! um Gotteswillen! — nur einen Moment .....

Louis.

Kein — Erbarmen — mehr .....

Ella.

Halt! — Ach Gott! — Ach! ..... — Du Geier! ....

hinweg von den Karußells, von der meilenweiten Lustbarkeit, stürzt das Volk, die Damen springen von ihren Kaninchen, ihren Pfauen, ihren Straußen, auf denen sie stolz ritten, und Alles läuft heulend zum Staatsoberhaupt, in's Elysée, schreit und stelt ihn zur Rede, schüzt die Freiheit, — am nächsten Tag ist das Ministerjum gestürzt, das Staatsoberhaupt ist gestürzt, der Präsident oder der König, wer gerade die Dummheit gemacht ..... und dann kehrt das Volk lachend, singend zu seiner Arbeit, zu seiner Lustbarkeit, zu seinen Kaninchen zurük ..... Und dieses Volk, meint Ihr, hat Euch nichts mehr zu lehren? Ist jezt tot für Euch? Schneidert Euch nur noch Eure Kleider und zeigt Euch, wie man Romane schreibt? — glaubt mir, dieses Volk lebt, es lebt heute stärker als jemals, Ihr könt nicht ohne es existiren in Europa — *mindestens müßte es Euch doch noch lehren, wie man die Freiheit erobert!* — es lebt und es lebe, vive la France! —

(Aus: Zürcher Diskußionen, Jahrgang 1899, Heft 18 – 19)

BRIEF AUS PARIS.

DER QUATORZE JUILLET.

Im *Jardin du Palais Royal* schwirrt es und summt es, wie in einem Bienenkorb. Eine Masse Menschen drängt sich dort eifrig gesticulierend durcheinander. Die Damen tragen noch den kurzen Reifrock mit den *Volants* und Schönheitspflästerchen auf den Wangen, die Männer den Dreispitz mit dem kurzen Zopf; aber dort sieht man schon die hochgebundenen, fließenden Gewänder, die Taille dicht unter dem Busen gebunden, und die ganze Strecke nach abwärts anadyomenenhaft als ein Linienfluss dem Auge preisgegeben. Eine neue Mode bricht an. Man gibt sich, wie man ist. Die Schönheitspflästerchen weichen. Die Natur drängt sich hervor. Rousseau. Man spricht von Rousseau. So summt es im Garten durcheinander. Studenten, Literaten, jüngere Juristen, Schauspieler, Damen von allen Sorten, Sorten von allen Damen, dann: Äpfel- und Süßigkeitenverkäufer, Bummler, Neugierige, das alles drängt durcheinander und discutiert, was man eigentlich am nächsten Tage anfangen soll. Man spricht von der »Freiheit« und vom »dritten Stand«. Majestätsbeleidigungen gibt es nicht. Denn der Garten, der rings von den grandiosen Steinkolossen des Palais eingesäumt ist, und in dessen Gallerien die bekannten „*2100 filles du Palais Royal*" lustwandeln, gehört dem Prinzen von Orleans. Und der Prinz von Orleans steht, schon aus Abneigung gegen den König, auf Seite des Volkes. Auch weiß man sich des Ministers Necker sicher. Man spricht also von der »Freiheit«, von *la grande France*, von der Souveränität des Volkes, Abschaffung der Privilegien, vom *Contrat social* und von der Republik. Alles gesticuliert und schreit. In der Buchhandlung von Deseune unter den Gallerien kann man vor Menschen kaum bis zum Comptoir vorwärtskommen, um seine Broschüre zu bezahlen. Jede Stunde eine neue Broschüre, gestern waren es 13, heute sind es 16, vorige Woche waren es 92. Unter 20 sprechen 19 von der

»Freiheit«.* Desmoulins hat eine Broschüre geschrieben. Alles kauft die Broschüre von Camille Desmoulins. Man liest. Man discutiert. Ein kleines herziges Mädchen, *une mignonne*, wird auf den Schultern von ihrem Papa durch den Garten getragen und sagt den Spruch her, den man ihr eingetrichtert hat: »Die Polignac (die Maitresse des Königs) aus Paris 'naus, Prinz Condé ebenso, den Grafen d'Artois ditto, den Prinzen Conti 's gleiche, den Abbé Maury im Halseisen auf dem *Pont Neuf* ausstellen, die Königin ... nun, denken Sie sich nur, was Sie wollen ...«** Großer Beifall! Das hübsche Kind! Alles weint vor Rührung. Die Sache geht vorwärts. Die Ideen gewinnen die Köpfe. Einige jüngere Juristen sprechen ernsthaft und bringen die gegebenen Anregungen in feste Organisation. Die Broschüre von Desmoulins ist vergriffen. Was hat Desmoulins gesagt? Kein Mensch weiß es. Wer ist Desmoulins? Er ist ein junger Jurist. Einige Besoffene kommen herein und wollen sich an der Debatte betheiligen. Man jagt sie hinaus, denn die Sache wird ernsthaft. »Ein Weinmagazin wurde geplündert!« Es ist nicht zu ändern. Ähnliche Dinge kommen bei allen Bewegungen vor. Revolution ist kein Rosenwasser. Monsieur Schiller ...... Was ist dort? Zwei Büsten werden in feierlichem Umzuge herumgetragen, umringt, acclamiert, was ist? — Es sind die Büsten des Herzogs von Orleans und des Finanzministers Necker. Necker ist der Freund des Volkes ...... Das Gedränge wird furchtbar. Steht dort Desmoulins auf dem Tisch und gesticuliert? Das Gedränge wird furchtbar. Einige Menschen sind in die Bassins gefallen. Nein! es ist die Strafe für Diejenigen, die sich unterstanden haben, gegen die Sache des Volkes zu sprechen und zu sagen: das Königthum sei die Ordnung. Man zieht sie heraus; alles lacht

* Taine H., *Les Origines de la France contemporaine. La revolution, tome* I, p. 43.
** L. c., p. 44.

fürchterlich. Sie sind ganz nass. Man haut sie durch ....* Was ist dort? Ein Mensch auf den Knien. Man hat ihn geschlagen. Man hat ihn hinten geschlagen und mit Füßen getreten. Jetzt hören sie auf. Er senkt das Gesicht zu Boden und küsst den Garten ...... Was ist? Es ist eine Ceremonie; er küsst den Boden Frankreichs; es ist wieder eine Strafe für einen Vorlauten. Er hat dummes Zeug gesagt. Er hat antirevolutionäres Zeug geschwätzt ....** Man singt! Hören Sie, man singt! .... Ganz deutlich: *Tra-la-la-la!* .... Hören Sie die Strophe? — Man singt! — Es kommt näher! — Man kann es nicht hören. Desmoulins schreit zu laut. Wir sind zu nahe an Desmoulins' Tisch gekommen. Die Broschüre von Desmoulins ist vergriffen. Was hat er gesagt? Er sagt den Leuten, was er ungefähr geschrieben hat .... Der Gesang kommt näher: *Tra-la-la-la!* — Hören Sie! Kennen Sie die Strophe? — Es ist ein Gesang! — Hunderte singen! — Was sagt Desmoulins? Desmoulins schreit zu laut! — Da ist der Gesang; sie haben Zweige an ihren Hüten .....

Allons enfants de la patrie
Le jour de gloire est arrivé!

Sie marschieren. Der Mund ist bei allen offen. Die Halsbinden flattern. Es trampelt. Es schritttrampelt. Die Erde zittert ..... Sie gehen vorüber ...... Man hört sie singen:

...... *Formez vos bataillons!*
Qu'un sang impur abreuve nos sillons ...

Was ist mit Desmoulins? Er gesticuliert noch immer. Er hat sich überschrien. Er ist ganz heiser. Er sagt ungefähr: „*Puisque la bête est dans le piège, qu'on l'assomme. Jamais plus riche proie n'aura été offerte aux vainqueurs. Quarante mille palais, hôtels, châteaux, les deux cinquièmes des biens de la France, seront le prix de la valeur. Ceux qui se prétendent conquerants seront conquis à leur tour. La nation sera*

* L. c., pag. 43.
** L. c., pag. 44.

purgée . . .«[***] Dann bricht Desmoulins einen Zweig von den grünen Frühlingsbäumen des *Jardin Royal* — Alle brechen einen Zweig von den grünen Frühlingsbäumen des *Jardin Royal* . . . . . .

Und dann marschiert man zur Bastille —

Das war der *quatorze Juillet* von 1789.

*

Place de la Concorde. Eine schwüle, erdrückende Sommerhitze schon in der Früh um 9 Uhr. Die Candelaber des Riesenplatzes mit Guirlanden von Tausenden von farbigen Blumen und elektrischen Glasbirnen verbunden, denn am Abend ist Illumination durch ganz Paris. Auch die rothgeschmückten Estraden der Musikcorps sieht man schon da und dort aufgeschlagen, denn am Abend tanzt das ganze Volk auf den Straßen und Plätzen durch ganz Paris. Schweigend ziehen die zahlreichen Mitglieder der elsässisch-lothringischen Vereine einher, mit Fahnen und Standarten, mit Kränzen und Guirlanden . . . . . . Tausende von Menschen. Ein Herr, ein Herr von einem Comité, im schwarzen Frack mit farbiger Binde, empfängt sie und ruft den einzelnen Vorständen der Arrondissements halblaut zu: Keine Reden, meine Herren, nicht wahr? Keine Manifestationen . . . . *Pas de discours, n'est-ce pas, Messieurs?* . . . Man gibt den Ruf weiter: *Pas de discours!* Keine Reden! In der Ferne stehen Tausende von *Sergents de ville* und beobachten schweigend die Ceremonien. Niemand, der nicht Mitglied einer der nationalistischen Vereine ist, darf herantreten. Das Ziel, der Mittelpunkt all' dieser Heranmaschierenden ist die Statue der Stadt Strassburg in der nordöstlichen Ecke des Platzes. Auf der hohen Rampe des anstoßenden *Jardin des Tuileries*, dort, von wo die Neugierigen immer zuschauen, wenn es Revolution in Paris gibt — die Revolutionen beginnen und endigen meistens auf der *Place de la Concorde* — dort stehen Tausende von Menschen, über die

[***] L. c., pag. 43.

Steingallerien gebeugt, und warten der Ceremonien bei Bekränzung der Statue von Strassburg. Hunderte von hellen, blauen und gelben Sonnenschirmen der Damen ragen dort über die Gallerien des anstoßenden *Jardin des Tuileries.* Keine Reden halten! »*Pas de discours!*« ist auch zu ihnen schon gedrungen. Sie wiederholen die Worte unter sich: Es werden keine Reden gehalten! Bald wissen die 10—20.000 Menschen, die da droben stehen und zuschauen, ganz genau, was die Polizei mit den Demonstrierenden ausgemacht hat, denn das Publicum in Paris ist bei solchen Gelegenheiten immer ein Ganzes: Was der Eine weiß, weiß der Andere. Was der Eine missbilligt, missbilligt der Andere. Die Damen sind es immer, die in solchen Fällen die Parole ausgeben. Niemand widerspricht hier den Damen. Also: Keine Reden halten! *Pas de discours!* ..... Warum nicht? — Die Ausstellung! Die Fremden! — Ja so! — Die fremden Monarchen! — Man will niemand, der nach Paris kommt, Anlass zum Missvergnügen geben! — Gewiss! — Man wäscht nicht seine Wäsche vor den Fremden! — Eben! .... Auch auf der nahen kleinen *Place des Pyramides,* wo die hübsche *Pucelle* von Orleans auf vergoldetem Pferd sitzt, und wohin die Demonstrierenden dann ziehen werden, weiß man schon: Es werden keine Reden gehalten. *Pas de discours, n'est-ce pas, Messieurs!* .....

Die Glut wird immer furchtbarer auf dieser asphaltbedeckten *Place de la Concorde.* Es ist, als ob der gigantische Obelisk von Luxor in der Mitte des Platzes einen Theil des Wüstenhauches ausstrahlte, den er während 3000 Jahren in Ober-Egypten eingeschluckt hat. Noch immer ziehen neue schwarzgekleidete Massen von Corporationen mit ihren Fahnen und Kränzen heran. Die *Sergents de ville* müssen wiederum Platz machen. »Keine Reden, meine Herren, nicht wahr? — *Pas de discours*!« geht es auch hier wieder von Mund zu Mund.

Die Polizisten machen ein Gesicht, als wollten sie sagen: die Sache wird heute nicht gefährlich, denn alle kennen die Parole. Man gibt sie weiter. Und man wird sie befolgen . . . . . . Es ist eben Ausstellung! — Eben! — Und man wäscht nicht seine Wäsche vor den Fremden! Nein, man wäscht nicht vor den Fremden! . . . . .

Jetzt kommen die jungen Garden der militärisch organisierten Gesellschaften und Vereine von Elsass-Lothringen, es kommen die Turner, die *Saint-Cyriens* und *Polytechniciens* marschieren heran . . . . . Keine Reden! — Natürlich! — Die halten ja so wie so keine Reden . . . . . .

Ein kleiner Herr steigt an der Statue der Stadt Strassburg hinauf — er wird hinaufgehoben — es wird ein Comité-Mitglied sein. — Jagt man ihn hinunter? — Nein, er gehört zu den Leuten; was er thut, gehört zum Programm; er ist ein Theil des Programms. — Wird er eine Rede halten? — Nein, nein! — Man hält ja überhaupt keine Reden, *pas de discours!* — Mischt sich die Polizei ein und verlangt sie, dass der Kletterer sofort heruntersteige? — Nein, nein, das thut sie nicht! Er ist hinaufgeklettert, und nicht auf einer Leiter hinaufgestiegen, weil eine Leiter bei solcher Gelegenheit unpoetisch erschienen wäre, weil »Klettern« kühner und waghalsiger erscheint, und weil ja zudem Turner da sind . . . . . .

Die Hitze steigert sich ins Unermessliche. Irgendein Moloch scheint glühende Hekatomben von diesen Hunderttausenden zu verlangen . . . . . .

Man zieht an Schnüren einen Immortellen-Kranz von riesiger Größe, mit Crêpe umwunden und mit einem Tricoloren-Band geknüpft, hinauf, und der kleine Herr oben befestigt den neuen Kranz zu den Dutzenden und Hunderten, die schon oben liegen und die, verstaubt und verdorrt, wie lechzend an der Statue sich emporringen . . . . . .

Alles entblößt das Haupt. Auf dem

ganzen Platz entblößen die Hunderttausende das Haupt . . . . . Keine Reden, *pas de discours, Messieurs!* — Die vielen, vielen Sergeanten nehmen das Käppi ab. — Keine Reden, *Messieurs, n'est-ce pas!* — Die Glut der Sommerhitze eines 14. Juli in Paris fällt, wie plötzlich in Brand gerathene Baumwolle, auf die nackten Köpfe dieser enggepferchten Menschenmassen . . . . . . Und plötzlich hebt sich aus den Kehlen dieser Gefolterten und Gemarterten ein Schrei, wie das Krächzen junger Adler: *Vive la France!* Auf dem ganzen Platz, bis zur *Chambre des Deputés,* zur Seine und zum Ausstellungsthor — der eine Schrei der Entlastung: *Vive la France!* . . . . . und drüben, auf der langen Rampe des *Jardin des Tuileries,* unter den Tausenden von Schwitzenden und Erschöpften — der eine Ruf, Kinder- und Damenstimmen und Stimmen von Dienstmädchen: *Vive la France!* . . . . . . wie wenn ein Hagelwetter nach wochenlanger Hitze über die Felder geht, und Riesen-Schloßen prasselnd unter die dürren Maiskolben und Schilfblätter fallen, so erlöste hier der eine Schrei: *Vive la France!* die stundenlang Erschöpften und zum Stillschweigen Gezwungenen . . . . . .

Dann zog man hinüber zur hübschen, kleinen *Pucelle* auf ihrem goldenen Pferdchen und wiederholte dasselbe — und auf dem ganzen Weg raunte und flüsterte man sich zu: *Pas de discours!* — Keine Reden! — Nicht wahr, meine Herren? *C'est entendu?* . . . . .

Das war der *quatorze Juillet* im Jahre 1900.

(Aus: Wiener Rundschau, IV Jahrgang, 1900, S. 279-282).

Mania anarchistica progressiva

Bei den zunehmenden Atentaten auf fürstliche Persönlichkeiten und dem gesteigerten Verbrauch von gekrönten Häuptern durch die abendländische Politik konte es nicht ausbleiben, daß man sich nach Masnahmen umsah, um der schreklichen Dezimirung Einhalt zu tun. Schon seit Jahren erhalten wir briefliche Anfragen, teils von Leuten, die bei in die Luft gehobenen Eisenbahnzügen noch glüklich zu Boden gekommen sind, teils von Prinzen, die bei in nächster Nähe auffliegenden Dinamit-Lagern noch mit einem blauen Auge sich retten konten — Anfragen mit Ueberschüttung von Ehrenbezeugungen, oft selbst unter gleichzeitiger Beifügung der betr. Orden in Samt-Etui — „pour le mérite" etc. — Anfragen, welche Mittel und Lebensvorschriften wir, im Hinblik auf unsere frühere Tätigkeit als Arzt und Psichjater, angeben könten, um die durch ihren Lebensberuf so auserordentlich gefährdeten Persönlichkeiten überirdischer Abkunft vor den schlagenden Wettern der Volksgunst und sonstigen Ausbrüchen der Untertanentreue beßer als bisher zu bewahren. Im Allgemeinen geben wir nicht gern derartige Ratschläge. Denn wenn eine der hochgestelten Persönlichkeiten, welche sich unser régime zu Eigen gemacht, dann trozdem von einer umgefülten Sardinenbüchse hinweggefegt wird, dann schiebt man es unseren Ratschlägen zur Last und unser Ansehen leidet. Richtig ist, daß wir vor mehreren Jahren bei dem Graßiren der *Hasen-Sifilis* in einigen Bezirken Europas nüzliche Fingerzeige an die Hand geben konten — wir empfahlen Isolirung der gesunden Tiere und Kreuzung mit lapins — so daß eine gänzliche Ausrottung der kostbaren Tiere hintangehalten werden konte — wir erhielten damals den Sanitätsratstitel unter Erlaßung der Gebühren. — Aber seitdem wir uns von der ärztlichen Praxis zurükgezogen und nunmehr der Filosofie leben, vermeiden wir es principaliter in solchen Fragen unsere Ratschläge zu erteilen. Wenn wir im Folgenden eine Ausnahme machen, so geschieht es, weil die Anfragen aus fürstlichen Kreisen — bis aus *Montenegro*, bis aus *Belutschistan* — geradezu auserordentliche Dimensjonen angenommen haben, und dann, weil wir einige Exemplare dieser seltenen Menschenspezjes (die sich schwer ausstopfen laßen), doch gerne auf die Nachwelt bringen möchten. Hier also in knapper Darlegung unsere wolgemeinten Ratschläge zu der Frage: wie sich fürstliche Persönlichkeiten am besten vor anarchistischen Angriffen zu schüzen vermögen.

Beginnen wir mit dem Morgen:

Im Allgemeinen sind wir für Spät-Aufstehen. Nicht nur ist Das eine Gepflogenheit groser Geister — Ersezung der Nervenkraft durch ausgiebigen Schlaf — sondern man gibt sich auch dadurch ein gewißes air, als ob es viel zu ersezen gäbe, als ob der betreffende Machthaber am vorhergehenden Tag durch „allerhöchste Entschlüße" maßenhaft ausgegeben hätte. Auserdem ist natürlich jede Stunde Bett eine gewonnene Stunde Lebens. Denn es ist klar, daß wenn bei zwölfstündiger Tageszeit der betreffende Fürst sich erst um Mittag erhebt, die anarchistische Gefahr um einen wesentlichen Quozjenten verringert ist. Natürlich darf bei solchem Möglichst-Lange-Schlafen sich kein Atentäter unter dem Bett, wie es bei Rußischen Kaisern oft vorkomt, befinden. Zum Frühstük, welches im Bette eingenommen werden kann, möchten wir von *Kafe* abraten. Das Getränke ist hizig und regt die Fantasie mächtig an. Dabei komt es zu desordinirtem Begehren (concupiscentia desordinata), die fürstlichen Hoheiten verlangen nach ihren Mätreßen, und da die Staatsmätreßen und Hofdamen um diese Zeit ebenfalls noch schlafen, so komt es zu Abgängen und effluxiones, die ihre Spuren in den Nachtgewändern und auf den lectuli zurüklaßen, wo sie der Kammerdiener findet, und dann meint, *es handle sich um einen Menschen*, was er doch nicht meinen soll. Auch erzeugt der Kafe, als orjentalisches Getränke, despotische Gefühle, welche gerade in der heutigen, ach! so demokratischen Zeit, beßer unterdrükt werden. Viel beßer eignet sich als Morgengetränk die beliebte *Schokolade*, von der uns die selige *Luise Mühlbach* in ihren kgl. privilegirten Romanen so viel erzählt hat, und die stets das Lieblingsgetränk der preußischen Könige gewesen war. Ich weis nicht, ob das *Teobromin*, der wirksame Bestandteil in der Schokolade, auf die Lach-Muskulatur einen besonderen Einfluß ausübt — bei der *Mühlbach* „lächeln" immer die preußischen Könige, wenn sie Schokolade trinken. Mein Gott: *„lächeln"* — wenn es auch nicht das herzhafte Lachen ist, welches heute manchem Fürsten freilich vergangen sein mag — es ist immer noch beßer als schnodrige Redensarten führen und von blasfemischen Selbst-Vergottungs-Zoten überfliesen. Also: Schokolade! Schokolade hat auch noch den Vorzug, daß sie auf's neue einschläfert, und dann vielleicht wieder einige Stunden Atentats-Zeit gewonnen werden. — Will einer von den hohen Hern um diese frühe Morgenstunde schon ein kleines *geistiges* Frühstük zu sich nehmen — wozu aber selten Neigung besteht — so mag ein Abschnitt aus *Bogatzky's* „Schazkästlein" für dieses erste Erwachen, wo der Sinn für alles Gute so empfänglich ist, gute Dienste leisten. Im Allgemeinen sind wir nicht gerade für geistliche Kost bei unsern principes. Die Hern Teologen haben, selbst wenn sie *Paul Gehrhardt* hiesen, und selbst wenn sie recht stimmungsvolle Lieder zu dichten verstanden, immer einen kleinen antimonarchischen Hochmuts-gikel beseßen und — es ist beßer, man läst diese Leute beim Volke, zu dem sie gehören. Will aber einer von den fürstlichen Früh-Erwachern wirklich den Stier bei den Hörnern paken, nun, dann, in Gottes Namen, lege er sich einen Tractat über „Tirannenmord" auf den Nachttisch, von welchem katolische wie protestantische Autoren zahlreiche Ausgaben veranstaltet haben, auch in deutscher Sprache — ich glaube, die Reclam-Bibliotek hat sogar eines ihrer 20 Pfennig-Bändchen dem Gegenstand gewidmet — aber dann einen gehörigen Schnaps dazu! — Beim Aufstehen selbst mache man nicht so viel embarras wie die französischen Könige, die sich erst von einem alten Weibe durchkneten liesen — eine solche masseuse könte sich heute leicht in eine massacreuse verwandeln — gestalte auch das lever nicht so zeremonjell wie damals;

wo der gesamte Hof der Unterhosenprozedur beiwohnte — unter einem Duzend Höflingen ist heute immer ein Bombenwerfer — sondern man gehe frisch aus dem Bett heraus, laße das linke Bein nicht sofort nachfolgen, weil ja hier wieder Gelegenheit zur Fristgewinnung und Hinausschiebung des irgendeinmal doch stattfindenden Atentats gegeben ist, und gehe dann in unbeflekten Beinkleidern den unvermeidlichen Wirnißen des Tages entgegen. — Daß man sich das Frühstük wie alle übrigen Malzeiten nur von seiner von Gott angetrauten Ehegemahlin herrichten läst — die nicht von einem konfeßjonell entgegengesezten Haus sein darf, also für einen Hohenzollern nicht eine Welfin, und für einen Welfen keine Augustenburger — entspricht wol schon der allereinfachsten Vorsicht, sonst kann es einem solchen *blau*blütigen Herscher paßiren, daß er in der *braunen* Früh-Schokolade statt Kakao Schweinfurter *Grün* zu trinken bekomt und es ihm dann *grün* und *blau* vor den Augen wird. — Die nun beginnenden Tagesgeschäfte teile sich Se. Majestät so ein, daß sie für alle Zufälle gerüstet ist, und daß ihre — der Majestät — unsterbliche Seele jeder Zeit vor den Tron des Allerhöchsten zu treten vermöge. Denn

„schnell tritt der Tot den Menschen an“

und aus jeder Nische des Schloßganges kann unversehens eine verdächtige Zündschnur oder ein *Schiller*scher Jambus hervorfliegen.

„Schnell tritt der Tot den *Menschen* an.“

Diese Zeile geht allerdings nicht direkt auf den Fürsten, der götlicher Abstammung ist. Aber leider, leider hat sich durch sorgfältige Experimente, welche die Franzosen zu Ende des 18. Jahrhunderts angestelt haben, ergeben, daß, wenn man einem Fürsten ca. 13 Liter Blut aus den Halsvenen läst und zu diesem Zwek den Kopf vom Halse abhebt, der Fürst dann verendet, derselbe also in diesem Punkte selbst schlechter gestelt ist, als die zierlichen, bewegungsgewanten Eidechsen, die, wenn man ihnen irgend ein Glied, z. B. den Schwanz, abnimt, denselben nachwachsen sehen . . . . . . Ach! auf welche Gedanken komme ich da! ...... —

Will der Fürst schon eine kleine halbe Stunde nach dem ersten Frühstük ein zweites folgen laßen — wir sind jezt Nachmittag 3 Uhr — z. B. saure Nieren oder dergl. — so haben wir einen prinzipjellen Einwurf dagegen nicht geltend zu machen, wenn nicht etwa der Säuregehalt der Schüßel mit *Schwefelsäure* zu Stande gebracht worden ist. Nur soll dann die erbberechtigte, sukzeßjonsfähige, gleichkonfeßjonelle Gemahlin angehalten werden, erstens einmal, vorher davon zu kosten, und demnächst, eine nicht zu geringe Zahl von *Lorberblättern* in die Sose zu legen, ersteres weil der Anblik dieses echt-fürstlichen Baumes dem Herscher überhaupt angenehme Gedanken erwekt, dann, weil der Lorber, als Sinbild des Ruhmes, die Eßer zur Regierungs-Tätigkeit aufmuntert. Will dann der fürstliche Konsument auf diese *Lorber*blätter als geistige Nachkost einige *Gerok*'sche „Palmblätter" folgen laßen, so haben wir dagegen um so weniger einzuwenden, als neben *Wildenbruch* wol kein deutscher Dichter so sehr gerade in das Schloß past, als *Gerok*. Denn *Goethe* hat zwar — um von *Schiller* zu geschweigen — in submißer, devoter und speichlerischer Unterwerfung das Mögliche geleistet; aber ganz rein war auch er nicht; als *Napoleon* in's Land kam, hat er auch Diesem seinen Speichel angeboten; und Das darf eben nicht sein. —

Jezt einen Ritt durch den Schloßpark? — Um 5 Uhr? — Meinetwegen! Aber, man soll dann die Vorsicht gebrauchen, und die Hufe des Roßes wie beim *Walkürenritt* auf der Münchener Hofbühne mit Watte zu umwikeln, damit nicht beim unvorsichtigen Aufschlagen des Eisens auf einen Stein ein *Funke* entstehe und bei der *Ubiquität* der anarchistischen Zündmittel Roß und Reiter in die Luft gejagt werden.

Für die Zeit nach dem Ritte, der vorsichtshalber nicht über die Schloßgrenze ausgedehnt werden soll — und niemals ein „Ritt in's romantische Land" sein darf — befiehlt man am besten die Minister zum Vortrag in's Schloß. Der fürstliche Geist ist jezt mit Ozon überfüttert und bei der Originität des sowieso götlich begnadeten Geistes kann es dann nicht fehlen, vor den Ministern zu glänzen und zu leuchten. Nur laße man die Taschen der lezteren vorher untersuchen, auch ihre Roknähte auftrennen und die Konkavitäten ihrer Bakenzähne nach Sprengstoffen durchleuchten — denn — man gebe sich nur keiner Täuschung hin — wir haben es heute nicht mehr mit *Goethe*'schen Ministergestalten zu tun, die zu Allem, zu Allem, Ja und Amen sagen, wenn man ihnen nur ihren „Faust", ihren Garten und ihre Hure garantirt. Nach den Reden, die wir jüngst von preußischen Ministern zu hören bekommen haben, nach Dem, was kürzlich der preußische Justizminister vor versammeltem Reichstag erklärt hat: er weigere sich rundweg, in Beeinflußung von richterlichen Entscheidungen einem „Druke von Oben" nachzugeben, ist von dieser Seite Alles zu erwarten. So ein Fürst- und Gott-Vergeßener ist im Stande und sagt dem eben im götlichsten Ozonrausch Schwimmenden vor allen Höflingen, vor dem gesamten Volk, er sei ein Tagdieb, sei überflüßig, nicht er gehe, sondern Er gehe — dreht den Spies um, und — statt des Ministers *fliegt der Fürst* ...... Dem sei Gott vor! —

Wir müßen hier kurz der neuen, auf der *rußischen* Abteilung der jüngsten Weltausstellung vorgeführten, in allen monarchischen Ländern patentirten Einrichtung zum Schuz gegen Minister-Atentate gedenken. Es sind dies *quadratische Glaspfeiler* von enormer Wanddike, die auf kurzen eisernen Füsen drehbar sind, etwas über Mannshoch, und in deren Inneres die vortragenden Minister eingeschloßen werden. Der Fürst kann durch die Glasdike alle Schriftstüke lesen, auch den Minister, seine Grimaßen u. dergl. Alles beobachten, ohne selbst im Mindesten gefährdet zu sein. Nach beendetem Vortrag wird der Minister unter Glas hinausgefahren und erst drausen entledigt er sich seines Anarchistenschuzes. Ist das Gesamt-Ministerjum zum Vortrag befohlen, und die nötige Anzahl dieser Ministersäulen, die leider noch immens teuer sind und das Hof-budget eines kleineren

Fürsten zu stark belasten würden, nicht zur Stelle, dann schliest sich der Fürst selbst in die *eine* vorhandene rußische Glassäule ein und ist nun gefeit gegen alle Anschläge. Die Herren Exzellenzen können dann tun, was sie wollen, sie können Indjaner-Tänze um den Pfeiler ausführen, ja, sie können Seine Majestät mit der äzendsten Lauge ihrer giftigen Redensarten überschütten, oder mit wirklicher Schwefelsäure und Salzsäure übergiesen — der Fürst *lächelt* — wie in *Luise Mühlbach*'s Romanen — vergnügt aus seinem Anarchisten-Schuz heraus, awertirt durch ein geheimes Zeichen den nächsten Lakaien, dieser holt die Feuerwehr und sie macht dem ganzen Spuk ein Ende . . . . . .

Nimt die Totesangst des Fürsten nach einem solchen Vortrag — wir sind jezt abends 6 Uhr — trozdem ungeheure Dimensjonen an — sei es, daß die inzwischen eingetretene Dämmerung fantastischen Spuk vorgaukelt, sei es, daß man dem schokoladeserwirenden Lakaien selbst nicht mehr traut, sei es, daß man von einer Spazierfahrt durch die Residenz zurükgekehrt ist und daselbst ein unglükliches omen, z. B. einen frischgeschlachteten Ochsen vor einer Mezgertüre gesehen hat, sei es, daß man von einer Zigeunerin noch eine Wahrsagung für die betreffende Jahreszeit aus seiner Jugend im Gedächtnis hat, oder daß in einem Nachbarland in lezter Zeit fürstliches Blut versprizt wurde — so versuche man neben einigen *Hofmann*'schen Tropfen oder einem kräftigen Schluk Bonekamp of Maagbitter vorwiegend in geistlicher Lektüre Schuz und Trost. Eine Selbst-Vertiefung in *Kristi* Leiden und Sterben — am besten nach dem einfachen *Matthäus* — mag hier gute Dienste leisten, besonders wenn man zwischen jedem Kapitel eine Injekzjon von 10% Hyoscyamin-Lösung unter die fürstliche Haut macht. Auch Boethius' „De consolatione philosophiae" kann hier empfohlen werden. Da wo die genoßene Vorbildung die Lektüre des Werkes im Original nicht zuläst, mag auf die vortrefliche deutsche Uebersezung (von *Binder*, Stuttg. 1873) zurükgegriffen werden. Wird der Zustand trozdem nicht beßer, dann so rasch wie möglich in's Bett. Wärmflasche. Wollene Deken. Schlafmüze. Leibbinde. Eine Flasche Cognac. Den linken Fus sofort nachziehen, weil, je früher Se. fürstliche Gnaden sich wirklich ganz im Bett befinden, wieder ein Bruchteil von Zeit anarchistischer Gefahr dem fürstlichen Intellekt erspart bleibt.

Im Uebrigen empfehlen wir, was wir allen fürstlichen Häuptern seit Jahren mit stets wachsendem Erfolg angepriesen haben, die grose Trias goldener Lebensregeln: heiteren Sinn, offenen Leib und — *möglichst viel Freiheit!*

(Aus: Zürcher Diskußionen, Jahrgang 1900, Heft 28—32)

Karl Günther Hufnagel

Haupt- und Neben-Sätze

Adolf H.: Gehören wir denn nicht alle zusammen? Dieses Problem begann zum ersten Male in meinem kleinen Gehirn zu wühlen. Mit innerem Neid mußte ich auf vorsichtige Fragen die Antwort vernehmen, daß nicht jeder das Glück besitze. – Ich konnte dies nicht begreifen.

Josefine M.: Mein Vater war ein blutarmer Sattlergeselle, der in einem Geschäft in der Josephstadt arbeitete. Wir wohnten ganz weit draußen in Ottakring, in einem damals neuen Haus, einer Zinskaserne, die von oben bis unten mit Leuten angefüllt war. Alle diese Leute hatten viele Kinder, und im Sommer war der Hof zu klein für ihre Schar.

Adolf H.: Ich sollte studieren. Und dennoch sollte es ganz anders kommen. Zum ersten Male wurde ich, als damals noch kaum Elfjähriger in Opposition gedrängt. Ich wollte nicht Beamter werden. Welche Gedanken konnte dies auch erwecken bei einem Jungen, der doch wirklich alles andere war, als nur nicht brav im landläufigen Sinne! Als ich zum ersten Male mit einem festgefaßten Entschluß herausplatzte, war der Vater zunächst sprachlos. Maler? Kunstmaler? Er zweifelte an meiner Vernunft.

Rudolf H.: Eine neue, bisher mir unbekannte Welt tat sich für mich auf. Es war zu der Zeit die Strafverbüßung in einem preußischen Zuchthaus wirklich kein Erholungsaufenthalt. Bis dahin glaubte ich, daß mir nichts Menschliches mehr fremd sein könne, nachdem ich in mancherlei Gestalt Menschen aller Lebensschichten, deren Sitten und noch mehr deren Unsitten kennengelernt. Die Verbrecher im Zuchthaus belehrten mich eines besseren.

Josefine M.: Mein Vater, meine Mutter, wir drei Kinder wohnten in einer Küche und in einem Zimmer und hatten noch einen Bettgeher mit dazu. Solche Bettgeher waren der Reihe nach wohl ein halbes Hundert bei uns; sie kamen und gingen, bald friedlich, bald im Streit. Ich erinnere mich hauptsächlich an zwei von ihnen. Der eine war ein Schlossergeselle, ein schwarzer, traurig aussehender Bursche, der ganz kleine schwarze Augen hatte und immer voll Ruß im Gesicht war. Er war auch immer schweigsam und sprach kein Wort. Ich entsinne mich, daß er eines Nachmittags nach Hause kam, während ich allein in der Wohnung mich befand. Ich war damals fünf Jahre alt und spielte am Boden des Zimmers. Der Schlosser nahm mich vom Boden auf und hielt mich auf seinem Schoß. Ich wollte schreien, aber er sagte leise: Sei stad, i tu dir nix. Und dann legte er mich zurück, hob mein Röckchen auf und betrachtete mich, wie ich nackt vor ihm auf seinen Knien lag. Ich fürchtete mich sehr vor ihm, aber ich verhielt mich ganz still. Wie er meine Mutter kommen hörte, setzte er mich rasch auf den Fußboden und ging in die Küche.

ADOLF H.: Kunstmaler, nein solange ich lebe, niemals! – Da nun aber sein Sohn eben mit verschiedenen sonstigen Eigenschaften wohl auch eine ähnliche Starrheit geerbt haben mochte, so kam auch eine ähnliche Antwort zurück. Nur natürlich umgekehrt dem Sinne nach. Auf beiden Seiten blieb es dabei bestehen. Der Vater verließ nicht sein Niemals, und ich verstärkte mein Trotzdem. Freilich hatte dies nun nicht sehr erfreuliche Folgen.

RUDOLF H.: Als politischer Überzeugungstäter hatte ich die damals einzige Vergünstigung, daß ich in Einzelhaft kam. Anfangs war mir das gar nicht recht. Später war ich doch dafür dankbar. Ich war in meiner Zelle für mich und konnte mir den Tag, bei Erfüllung meiner vorgeschriebenen Pflichten, einteilen wie ich wollte. Doch wenn ich auch allein in meiner Zelle saß, hörte ich doch die Gespräche der Verbrecher abends an den Fenstern. Und die gaben Aufschluß genug über das Denken, die Psyche dieser Kreise: Ein Abgrund an menschlichen Verirrungen, Lastern und Leidenschaften tat sich vor mir auf.

RUDOLF H. redet weiter: Der wirkliche Berufsverbrecher aus Veranlagung oder aus Neigung hat sich von der bürgerlichen Gesellschaft losgesagt. Er bekämpft sie, indem er sich verbrecherisch betätigt. Moralische Begriffe, wie Treue und Glauben, sind ihm lächerlich. Jeder zarteren Herzensregung halte ich ihn nicht mehr für fähig. Jeder Erziehungsversuch, ihn durch Güte auf den rechten Weg zurückzuführen, lehnt er ab. Er ist im allgemeinen roh und gemein, und es bereitet ihm Lustgefühle, wenn er von anderen heilig Gehaltenes mit Füßen treten kann.

Hier kichert JOSEFINE M., aber ADOLF H. unterbricht sie: Vergeßt nie, daß das heiligste Recht auf dieser Welt . . .

Jetzt aber redet JOSEFINE M. wie ADOLF H.: . . . das Recht auf Erde ist, die man selbst bebauen will . . .

und RUDOLF H. fährt fort, als wäre er ADOLF H.: . . . und das heiligste Opfer das Blut, das man für die Erde vergießt.

JOSEFINE M. jedoch wird eifriger: Ich bin nicht im Findelhaus gestorben. Ich bereue nichts. Ich bin nicht im Dreck der Vorstadt erstickt. Ich bereue nichts. Ich habe mir eine schöne Bildung erworben, die ich nur der Hurerei verdanke, denn diese war es, die mich in Verkehr mit vornehmen und gelehrten Männern brachte.

RUDOLF H.: Ein gutes Buch ist mir allzeit ein guter Freund gewesen. In der Einsamkeit der Zelle wurde es mir alles. Es war meine Erholung, ich konnte darüber die ganze Lage vergessen.

ADOLF H.: Ich habe mich seit früher Jugend bemüht, auf richtige Art zu lesen, und wurde dabei auf glücklichste Weise vom Gedächtnis und Verstand unterstützt. Gab es denn da einen Unrat, eine Schamlosigkeit, vor allem des kulturellen Lebens, an dem nicht wenigstens ein Jude beteiligt gewesen wäre? Sowie man nur vorsichtig in so eine Geschwulst hineinschnitt, fand man, wie die Made im faulenden Leibe, oft genug geblendet vom plötzlichen Lichte, ein Jüdlein.

Josefine M.: Als ich dem Kutscher zahlte, fand ich in meinem Tascherl zwei Zehnerguldenzettel. Jetzt begann überhaupt eine sehr schöne Zeit für mich. Der Xandl war ein Wortsmann und ließ sich sein Vergnügen was kosten, und nach einer Woche hatte ich eine reizende kleine Wohnung am Lerchenfeldergürtel. Ein Salon, blauer Plüsch mit Gold, ein Schlafzimmer, ganz in Rosen und Weiß, mit einem breiten, niedrigen Pariser Bett. Dann noch eine helle freundliche Küche und ein Dienstbotenkammerl. Xandl aber rannte mit mir die ganze Wienerstadt ab und hatte die Spendierhosen an.

Rudolf H.: Ein Vorfall. 1926/27 wurde auch im Zuchthaus der humane progressive Strafvollzug eingeführt. Unter anderem fanden Sonntag vormittags musikalische Darbietungen in der Anstaltskirche statt, wobei erste Kräfte der Berliner Bühnen mitwirkten. So wurde einmal von einer berühmten Künstlerin Gounods Ave Maria vorgetragen mit einer Vollendung und Zartheit, wie ich es selten gehört. Die meisten Gefangenen sind wohl davon ergriffen, auch Verstocktere mag wohl diese Musik aufgerüttelt haben. Doch nicht alle. Hinter mir sagte ein alter wüster Bursche – kaum die letzten Töne verklungen – zu seinem Nachbarn: Du, Ede, auf die Brillanten bin ik scharf! – Das war die Wirkung dieses wirklich zu Herzen gehenden Vortrags auf Verbrecher – Asoziale im wahrsten Sinne des Wortes.

Josefine M.: Wir saßen recht hübsch eng um den runden Tisch herum, die Männer kitzelten uns, der Wein verschwand wie nichts, die Windlichter flackerten, der Birnecker goß mir ein Glas nach dem andern ein. Und immer wieder kam die Resl an unsern Tisch, um zu fragen, ob uns auch nichts abginge. Aber wir hatten ohnehin alles, bloß sie brauchte was.

Hier denken alle kurz nach, ehe Adolf H. von neuem anhebt: Als glückliche Bestimmung gilt es mir heute, daß das Schicksal mir zum Geburtsort gerade Braunau am Inn zuwies. Liegt doch dieses Städtchen an der Grenze zweier jener deutscher Staaten, deren Wiedervereinigung mindestens uns Jüngeren als eine mit allen Mitteln durchzuführende Lebensaufgabe erscheint. Deutsch-Österreich muß wieder zurück zum großen deutschen Mutterlande, und zwar nicht aus Gründen irgendwelcher wirtschaftlicher Erwägungen heraus. Nein, nein: Auch wenn diese Vereinigung, wirtschaftlich gedacht, gleichgültig, ja selbst wenn sie schädlich wäre, sie müßte dennoch stattfinden. Gleiches Blut gehört in ein gemeinsames Reich! Erst wenn des Reiches Grenze auch den letzten Deutschen umschließt, ohne mehr die Sicherheit seiner Ernährung bieten zu können, entsteht aus der Not des eigenen Volkes das moralische Recht zur Erwerbung fremden Grund und Bodens. Der Pflug ist dann das Schwert und aus den Tränen des Krieges erwächst für die Nachwelt das tägliche Brot.

Josefine M.: Ich kam damals daher wie eine Prinzessin. Zu den feinsten Modistinnen und Schneiderinnen, Hüte, Kleider, Schuherln, die schönste Spitzenwäsche, sogar echtes Pariser Parfum und ein Handtascherl aus lauter goldenen Schuppen. Es war eine schöne Zeit, aber ganz leicht war es nicht für mich. Weil der war sehr verwöhnt, flog riesig auf mich und vögelte für sechs.

Rudolf H.: Wie ich aber ruhig den Feuerbefehl geben konnte, ist mir heute noch nicht faßbar. In der Sandgrube auf dem Industriehof wurde schnell ein Pfahl eingegraben. Und schon kam der Wagen angefahren. Der Kommandant bedeutete dem Verurteilten, daß er sich an den Pfahl zu stellen hätte. Ich führte ihn hin. Die drei Männer, die schossen, wußten nicht, wen sie erschießen mußten, und es war gut so, vielleicht hätten sie doch gezittert. Vor innerer Erregung konnte ich kaum meine Pistole zum Fangschuß an die Schläfe setzen. Aber doch konnte ich mich so zusammenreißen, daß die Anwesenden nichts Auffälliges wahrnahmen. Ich habe einige Tage später mit einem der drei Unterführer vom Exekutionskommando gesprochen und dieserhalb gefragt. Diese Erschießung steht mir immer vor Augen im Zusammenhang mit der fortgesetzt geforderten Selbstüberwindung und unbeugsamer Härte.

JOSEFINE M. spricht die Worte des RUDOLF H.: Es gibt nur eines, was Gültigkeit hat: Der Befehl. – Dann redet sie weiter von sich selber: Aber nur für ein Nachtmahl und ein kleines Bier ließ ich mich nicht durchziehen. Ich verlangte ein oder zwei Kronen, bekam allerdings oft nur ein paar Sechserln. Wenn mans geschickt macht, darf einen keiner Hur sagen. Die Resl war heute die reiche Hauerwirtin und hatte die feinsten Leute zu Kunden. Ich hatte Respekt vor der Resl und hätte auch gern so einen Heurigenschank gehabt.

ADOLF H. bedient sich der Sätze der JOSEFINE M.: Ich habe so gelebt, wie meine Natur es mir vorgeschrieben hat. Es hat immer Spaß gemacht, sowas wie ein Tagebuch zu führen. Es macht einem viel Freude, solche Sachen später manchmal durchzulesen und sich manches in die Erinnerung zurückzurufen. Man sieht, wie man älter und gescheiter wird. Und wenn man von Zeiten liest, wo es einem schlecht gegangen ist, freut man sich, daß das längst vorbei ist. So hab ich mich denn hingesetzt und allerhand von meinem Leben aufgeschrieben.

Dann findet er wieder zu sich: Die sogenannte Intelligenz sieht ja ohnehin immer mit einer wahrhaft unendlichen Herablassung auf jeden herunter, der nicht durch die obligaten Schulen gezogen wurde. Die Frage lautet ja doch nie: Was kann der Mensch, sondern: Was hat er gelernt?

RUDOLF H.: Wir mußten siegen.

ADOLF H.: Es war der entscheidende Entschluß meines Lebens.

JOSEFINE M.: Aus Armut und Elend wie ich entstammt bin, habe ich alles meinem Körper zu verdanken.

ADOLF H.: Ein Zurück konnte und durfte es nicht mehr geben.

JOSEFINE M.: Es fällt mir nicht ein, obgleich ich immer fromm und gläubig gewesen bin, jetzt Buß zu tun.

RUDOLF H.: Ich war unbewußt ein Rad in der großen Vernichtungsmaschine. Die Maschine ist zerschlagen, der Motor untergegangen und ich muß mit. Die Welt verlangt es.

ADOLF H.: So meldete ich mich als Mitglied der Deutschen Arbeiterpartei an und erhielt einen provisorischen Mitgliedausweis mit der Nummer sieben.

JOSEFINE M.: Und Ferdl war gleich bei mir, faßte mich am Arm und erklärte: Da bin halt dann ich dein Mann und du bist meine Frau.

ADOLF H.: Die Tiefe des Falls irgendeines Körpers ist immer das Maß der Entfernung seiner augenblicklichen Lage von der ursprünglich eingenommenen. Dasselbe gilt auch über den Sturz von Völkern und Staaten. Freilich war der Weg unerhört schwer, denn was ich bisher aus Trotz in der Realschule versäumt hatte, sollte sich nun bitter rächen. Nach menschlichem Ermessen war eine Erfüllung meiner Künstlerträume nicht mehr möglich. Das danke ich der damaligen Zeit, daß ich hart geworden bin und hart sein kann, daß sie den Widerstrebenden hineinwarf in die Welt des Elends und der Armut und ihn so die kennenlernen ließ, für die er später kämpfen sollte.

Auch heute noch kann diese Stadt nur frühe Gedanken in mir erwecken. Fünf Jahre Elend und Jammer, sind im Namen dieser Phäakenstadt für mich enthalten. Aber mehr noch als dies.

In dieser Zeit bildeten sich in mir ein Weltbild und eine Weltanschauung, die zum granitenen Fundament meines derzeitigen Handelns wurden. Ich habe zu dem, was ich mir einst schuf nur weniges hinzulernen müssen, zu ändern brauchte ich nichts. Im Gegenteil.

JOSEFINE M.: Der Ferri war nach wie vor aufmerksam, ritterlich und nett, aber das Ganze ging halt doch zu Ende und eines Tages sagte er zu mir: Pepi, schau, du warst die Süßeste, was ich je gekannt habe, aber schau, ewig kann das nicht weitergehen. Der arme Ferri ist jetzt mit Geld schlecht beinander, aber ich schenk dir zu deinem siebenundzwanzigsten Geburtstag als Abfindung einen Jud.

Adolf H.: Ein Staat, der im Zeitalter der Rassenvergiftung sich der Pflege seiner besten rassischen Elemente widmet, muß eines Tages zum Herrn der Erde werden.

Josefine M. spricht liebevoll Adolf H. nach: Auch ich war vom Leben in der Großstadt herumgeworfen worden und konnte am eigenen Leibe die Wirkungen dieses Schicksals erproben und seelisch durchkosten. Übel endet es, wenn der Mann seine eigenen Wege geht und das Weib, gerade den Kindern zuliebe, dagegen auftritt. Dann gibt es Streit und Hader, und in dem Maße, in dem der Mann der Frau fremder wird, kommt er dem Alkohol näher. Jeden Samstag ist er nun betrunken, und im Selbsterhaltungstrieb für sich und ihre Kinder rauft sich das Weib um die wenigen Groschen, die sie ihm auf dem Weg von der Fabrik zur Spelunke abjagen muß. Kommt er endlich Sonntag oder Montag nachts selber nachhause, betrunken und brutal, immer aber befreit vom letzten Heller, dann spielen sich Szenen ab, daß Gott erbarm. Nichts Gutes wird hier an der Menschheit gelassen. Mag es sich um Religion handeln oder um Moral an sich, um den Staat oder die Gesellschaft, es wird alles bekämpft, in der unflätigsten Weise in den Schmutz einer niedrigsten Gesinnung gezerrt. Was ich ehedem nie geahnt, lernte ich damals schnell und gründlich verstehen. Nur wer durch Erziehung die Größe des eigenen Vaterlandes kennengelernt, wird auch jenen inneren Stolz gewinnen, Angehöriger eines solchen Volkes sein zu dürfen. Und kämpfen kann ich nur für etwas, das ich liebe, lieben nur, was ich achte, und achten, was ich mindestens kenne. Wenn die Kraft zum Kampfe um die eigene Gesundheit nicht mehr vorhanden ist, endet das Recht zum Leben in dieser Welt des Kampfes.

Rudolf H.: Auch hier dasselbe Bild wie bei den Exekutionen in Sachsenhausen. Die für eine Idee Sterbenden: tapfer und aufrecht, stark – die Asozialen: dumpf oder sich dagegen wehrend.

Adolf H.: Es war die allgemeine Auffassung von Sitte und Moral, wie man sie von einem großen Teil des

Judentums ganz offen zur Schau getragen und bestätigt sehen konnte.

Josefine M.: Am Dienstag stellte mir Ferry bei einem kleinen Dinner beim Sacher den Herrn Grünstein vor. Es war schön für drei gedeckt, der Ferry sagte mir noch, ich solle mich recht unschuldig stellen, das hätt der Herr Grünstein gern. Da kam er schon. Er war ein riesiger Kerl mit einem Mordsbauch, aber recht kräftig sah er aus und trug einen Frack nach der letzten Mode, mit einer Chrysantheme in Knopfloch. Er schwitzte halt nur immer, mein Igi, wie ich ihn später nannte. Er küßte mir die Hand wie ein Erzherzog und stöhnte leise dabei, weil er Kreuzschmerzen hatte. Aber Herr von Grünstein, wer wird denn gleich so stürmisch sein.

Adolf H.: Überhaupt war die sittliche und sonstige Reinlichkeit dieses Volkes ein Punkt für sich. Und gerne erzählt er weiter für Josefine M.: Bei einem Juden, der keine Vorhaut hat, ist die Eichel immer nackt und viel weniger empfindlich, als bei einem Christen, aber man muß so ein Eicherl auch zu behandeln verstehen und beim Igi hab ichs gelernt. Hier kehrt er zurück zu seiner Wortwahl: Was die Frage der Humanität betrifft, so hat sich schon Moltke dahin geäußert, daß diese beim Kriege immer in der Kürze des Verfahrens liege.

Einen Koffer mit Kleidern und Wäsche in den Händen, mit einem unerschütterlichen Willen im Herzen, fuhr ich so nach Wien. Was dem Vater fünfzig Jahre vorher gelungen, hoffte auch ich dem Schicksal abzujagen, allerdings – auf keinen Fall Beamter.

Rudolf H.: Die meiste Zeit verbrachte ich in den Ställen der Bauern. Besonders die Pferde hatten es mir angetan. Ich konnte gar nicht genug tun an Streicheln, Erzählen und Leckerbissenanbieten. War mir das Putzzeug erreichbar, so machte ich mich sofort ans Striegeln und Bürsten. Auch fürchtete ich mich nie vor Hunden. Mein schönstes Spielzeug ließ ich liegen, wenn sich eine Gelegenheit bot, zu den Ställen zu entwischen. Auch hatte ich einen unwiderstehlichen Hang zum Wasser, ich mußte immerzu waschen und baden. Ich habe viele Sachen, ob Kleidung oder Spielzeug, dadurch verdorben.

ADOLF H.: Wanderer, der du nach Deutschland kommst, melde der Heimat, daß wir hier liegen, treu dem Vaterlande und gehorsam der Pflicht. Elende verkommene Verbrecher!

RUDOLF H.: Der Krieg war zuende.

ADOLF H.: Was war der ganze Schmerz der Augen gegen diesen Jammer.

RUDOLF H.: Mit siebzehn Jahren Unteroffizier – der jüngste des Heeres – und mit dem EK I ausgezeichnet.

ADOLF H.: Kaiser Wilhelm II. hatte als erster deutscher Kaiser den Führern des Marxismus die Hand zur Versöhnung gereicht, ohne zu ahnen, daß Schurken keine Ehre besitzen. Während sie die kaiserliche Hand noch in der ihren hielten, suchte die andere schon nach dem Dolch.

RUDOLF H.: Im Lazarett von Wilhelma pflegte mich eine junge deutsche Krankenschwester. Bis dahin war mir die Liebe zu einer Frau, zum anderen Geschlecht, noch unbekannt. Dieses erste Liebeserlebnis in seiner ganzen Zartheit und Lieblichkeit wurde für mein ganzes ferneres Leben zur Richtschnur. Nie konnte ich über diese Dinge trivial sprechen, Geschlechtsverkehr ohne innigste Zuneigung wurde für mich undenkbar.

JOSEFINE M.: Er machte Licht, und mit Erstaunen sah ich, daß wir uns in einem Ringelspiel befanden. Das war jetzt in der Nacht rundherum mit Brettern verschalt und die hölzernen, bunten Pferde sahen ganz eigentümlich aus, jetzt, so sie sich nicht mehr bewegten. Ich saß auf einem verschlissenen Samtsitz in einem Muschelwagen, der auch zum Ringelspiel gehörte. Er war so ein lieber Kerl. Als ich mich zurücklehnte, und meine Wunde wieder zu schmerzen begann, sagte er: Ah, gestatten, ich werd der Gnädigsten ein Sofa machen! Und er schob mir den Arm unter, und ich legte meinen Kopf an seine Schulter. Siehst, sagte er, jetzt machen wir unsere Hochzeitsreise. Wohin willst fahren in dem schönen Wagen? – Und ich lachte und freute mich und sagte zu allem ja. Dann bin ich noch oft zum Poldl gekommen, wenn ich nachhause gehen und noch ein bißchen plaudern wollte. Er schlief in einem kleinen Verschlag beim Ringelspiel und freute sich immer, wenn ich kam. Manche Nacht sind wir dort gesessen, haben Unsinn getrieben und uns eingeredet, der Muschelwagen könnt uns irgendwo hinbringen. Als er aber mich einmal angreifen wollte, stand ich auf und lief fort. So schnell, daß ich weg war, bevor er mir etwas sagen konnte. Und dann war ich ein bissel traurig, ein paar Tage lang. Den hab ich wirklich gern gehabt. Aber vögeln hätt ich mich von ihm nicht lassen. Ich weiß selbst nicht warum.

ADOLF H.: Ich wußte, daß alles verloren war. War dies der Sinn des Opfers, das die deutsche Mutter dem Vaterlande darbrachte?

RUDOLF H.: Ich kam nach Dachau, wurde wieder Rekrut mit allen Freuden und Leiden, wurde selbst Ausbilder.

JOSEFINE M.: Ein Jud ist mißtrauisch und vögelt lieber im Zimmer.

ADOLF H.: Ich aber beschloß, Politiker zu werden.

RUDOLF H.: Die Truppe war im offenen Viereck angetreten, unter Gewehr. In der Mitte stand der Prügelstock. Die beiden Häftlinge wurden vom Blockführer vorgeführt. Es erschien der Kommandant. Schutzhaftlagerführer und der dienstälteste Kompanieführer meldeten. Der Rapportführer verlas den Straftenor, und der erste Häftling, ein kleiner verstockter Arbeitsscheuer, mußte sich auf den Block legen. Zwei Mann aus der Truppe hielten Kopf und Hände fest und zwei Blockführer vollzogen, Schlag um Schlag wechselnd, die Strafe.

Wieder plaudert JOSEFINE M. dem ADOLF H. nach: Wer sein Volk liebt, beweist es einzig durch das Opfer, das er für dieses zu bringen bereit ist. Der völkische Staat wird dafür sorgen müssen, durch eine passende Erziehung dereinst das für die letzten und größten Entscheidungen reife Geschlecht zu erhalten. Allein nicht nur außenpolitisch, sondern auch innenpolitisch war für Deutschland der Ruhreinfall der Franzosen von größter Zukunftsmöglichkeit.

ADOLF H.: Man wollte kapitulieren. Ja, war so etwas überhaupt auch nur möglich?

RUDOLF H.: So sah ich auch eben nur alles von diesem Blickwinkel aus.

ADOLF H.: Ich versuchte auch meine Kameraden zu bestärken. Besonders meine bayerischen Lazarettgenossen waren alles andere eher als revolutionär. Ich konnte mir nicht vorstellen, daß auch in München der Wahnsinn ausbrechen würde.

RUDOLF H.: Im Frauenlager waren in jeder Hinsicht stets die schlechtesten Verhältnisse. Wasch- und Abortanlagen waren kaum für ein Drittel zum Äußersten ausreichend.

ADOLF H.: Schon aus dieser Skizze der Entwicklung kulturtragender Nationen ergibt sich das Bild des Werdens, Wirkens und – Vergehens der wahrhaften Kulturbegründer dieser Erde, der Arier selber.

RUDOLF H.: Die ehemalige Oberaufseherin, Frau Langefeldt, war der Situation in keiner Weise gewachsen.

ADOLF H.: Etwa im Oktober 1919 fand im Eberlbräu die zweite größere Versammlung statt. Als Redner traten vier Herren auf. Ich selbst sprach eine Stunde.

Ich drängte nach einem größeren Saal. Endlich fanden wir einen solchen im »Deutschen Reich« an der Dachauer Straße.

Anfang des Jahres 1920 trieb ich zur Abhaltung der ersten ganz großen Massenversammlung. 7.15 Uhr betrat ich den Festsaal des Hofbräuhauses am Platzl.

Der gewaltige Raum war mit Menschen überfüllt, Kopf an Kopf, eine zweitausend Menschen zählende Masse.

Und als die letzte These zum Herzen der Masse gefunden hatte, stand ein Saal von Menschen vor mir, zusammengeschlossen von einer neuen Überzeugung, einem neuen Glauben, von einem neuen Willen.

Als sich nach fast vier Stunden der Raum zu leeren begann und die Masse sich Kopf für Kopf wie ein langsamer Strom dem Ausgang zuwälzte, da wußte ich, ein Feuer war entzündet.

Und neben der kommenden Erhebung fühlte ich die Göttin der unerbittlichen Rache schreiten für die Meinestat des 9. November 1918. So leerte sich langsam der Saal.

Die Bewegung nahm ihren Lauf.

Rudolf H.: Mit mir selbst zufrieden war ich stets nur, wenn ich ein gut Stück Arbeit vollbracht hatte. So ist auch die Devise: »Arbeit macht frei« zu verstehen.

Josefine M.: Wir schlugen jetzt im Takt. Zenzi vorn auf seine Brust und auf seine Schenkel, ich von hinten auf seinen Rücken und auf seinen Arsch, der bald rot angelaufen war, und je mehr wir schlugen, desto aufgeregter wurden wir, desto mehr Freude machte es und, desto besser zielten wir.

Rudolf H.: Ähnlich der Homosexualität in den Männerlagern, grassierte im Frauenlager die Seuche der lesbischen Liebe. Manche hat mir, mehr noch meiner Frau, ihre Not geklagt.

Josefine M.: Er warf sich auf die Knie. Du darfst mir die Füße küssen, Hundskerl, knurrte die Zenzi. Ich hörte zu schlagen auf. Er beugte sich herab und bedeckte ihre Füße mit glühenden Küssen. Dabei schmitzte ihn Zenzi auf seinen jetzt emporstehenden Popo, daß es nur so pfiff. Er stöhnte und gurgelte: Ach Komtesse, zu Ihren Füßen, Ihr Hund, Ihr Sklave.

Rudolf H.: 1944 ließ der Reichsführer SS in Ravensbrück Abkehrprüfungen durchführen. Es wurden Homosexuelle, bei denen man nicht völlig von der Gesundung überzeugt war, unauffällig mit Dirnen bei der Arbeit zusammengebracht und beobachtet. Die Dirnen hatten den Auftrag, sich den Homosexuellen unauffällig zu nähern. Die Gebesserten nahmen diese Gelegenheit sofort wahr. Die Unheilbaren beachteten die Frauen überhaupt nicht.

Josefine M.: Ich unterzog jeden Menschen, dem ich mich hingab, einer genauen Visitation. Auch vor der Franzosenkrankheit war ich gewarnt und völlig darüber aufgeklärt.

Sie behauptet sich als Adolf H.: Damit war mir der Geduldsfaden gerissen. Mittwoch mittags diktierte ich das Plakat in die Schreibmaschine und ließ gleichzeitig den Zirkus für den nächsten Tag, Donnerstag, den 3. Februar, mieten.

Adolf H.: Jawohl, so liegen die Dinge, meine tapferen Herrn Wortprotestler!

Josefine M. spricht Adolf H. weiter: Als ich die mächtige Halle betrat, erfaßte mich die gleiche Freude wie ein Jahr vordem im Hofbräuhausfestsaal. Wie eine Riesenmuschel lag dieser Saal vor mir, angefüllt mit Tausenden und Tausenden von Menschen. »Zukunft und Untergang« lautete das Thema, und mir jubelte das Herz auf angesichts der Überzeugung, daß die Zukunft da unten vor mir lag.

Adolf H.: Ich begann zu sprechen. Man hörte dann kaum mehr als den Atemzug dieser Riesenmenge, und erst als ich das letzte Wort gesprochen, brandete es plötzlich auf, um in dem in höchster Inbrunst gesungenen Deutschlandlied seinen erlösenden Abschluß zu finden.

Rudolf H.: Nach mehreren Stunden erst wurde geöffnet und entlüftet. Da befiel mich doch ein Unbehagen, so ein Erschauern, obwohl ich mir den Gastod schlimmer vorgestellt hatte. Die Leichen waren aber durchwegs ohne jede Verkrampfung. Wie mir die Ärzte erklärten, wirkte die Blausäure lähmend auf die Lunge.

ADOLF H.: Mittags sitzen sie alle, alle beisammen vor mageren Schüsseln und warten auf den nächsten Lohntag, noch während sie hungern, träumen sie schon wieder vom kommenden Glück. So werden die kleinen Kinder in ihrer frühesten Jugend mit diesem Jammer vertraut gemacht.

JOSEFINE M.: Denn im ganzen ist die Liebe unsinnig. Die Männer tun alle dasselbe. Sie liegen oben, wir liegen unten. Sie stoßen und wir werden gestoßen. Das ist der ganze Unterschied.

ADOLF H.: Wollte ich nicht verzweifeln an den Menschen meiner Umgebung von damals, mußte ich unterscheiden lernen zwischen ihrem äußeren Wesen und Leben und den Gründen ihrer Entwicklung.

RUDOLF H.: Ich wurde von meinem Vater nach strengen militärischen Grundsätzen erzogen. Dazu die tief religiöse Atmosphäre in unserer Familie.

ADOLF H.: Mit dem dreizehnten Lebensjahr verlor ich urplötzlich den Vater. Ein Schlaganfall traf den sonst noch rüstigen Herrn. Was er am meisten ersehnte, seinem Kind die Existenz mitzuschaffen, schien ihm damals wohl nicht gelungen zu sein.

RUDOLF H.: Rette sich wer kann, war die Parole des Tages. Die letzte Meldung und Verabschiedung beim Reichsführer SS bleibt mir unvergeßlich. In Wismar stand Keitel selbst auf der Straße und fahndete nach Frontflüchtigen.

JOSEFINE M.: Und dann hab ich vom Gustl ein Kind gekriegt. Ein paar Tag nachdem sollte ich unwohl werden, es war schon meine Zeit, aber es kam nichts. Ich nahm ein heißes Bad, probierte das und das und dann wußte ich es: ich war in der Hoffnung. Die Steffi sagte: Die Pepi is a Mutter. Halts mi fest. Und sie küßte mich herzlich ab.

RUDOLF H.: Unterwegs hörten wir in einem Bauernhof, daß der Führer tot sei. Als wir dies hörten, kam meiner Frau sowie mir gleichzeitig der Gedanke: Jetzt müssen auch wir gehen.

ADOLF H.: Am 9. November 1923, 12 Uhr 30 Minuten

nachmittags, fielen vor der Feldherrnhalle sowie im Hof des ehemaligen Kriegsministeriums zu München Männer im treuen Glauben an die Wiederauferstehung ihres Volkes. So widme ich ihnen zur gemeinsamen Erinnerung den ersten Band dieses Werkes, als dessen Blutzeugen sie den Anhängern unserer Bewegung dauernd voranleuchten mögen. Landsberg am Lech, Festungshaftanstalt, 16. Oktober 1924. Adolf Hitler.

Rudolf H.: Wenn man die Frauen mit den Kindern in die Gaskammern gehen sah, so dachte man unwillkürlich an die eigene Familie.

Josefine M.: Die Steffi sagte: Brauchst net rot werden! Besser spät, als wie gar net. Was fürs Herz muß man haben, sonst geht man ja drauf bei dem Leben.

Adolf H.: Erst nach der Versklavung unterworfener Rassen begann das gleiche Schicksal auch Tiere zu treffen und nicht umgekehrt, wie manche wohl glauben möchten. Denn zuerst ging der Besiegte vor dem Pflug – und erst nach ihm das Pferd.

Rudolf H.: An einem Dorfausgang sah ich eine Frau auf einem Baumstumpf sitzen, die ihr Kind wiegte und sang. Das Kind war lange tot.

Adolf H.: Der Fortschritt der Menschheit gleicht dem Aufstiege auf einer endlosen Leiter; man kommt eben nicht höher, ohne erst die unteren Stufen genommen zu haben. So mußte der Arier den Weg schreiten, dem ihn die Wirklichkeit wies. Der Weg der Wirklichkeit aber ist hart und schwer, allein er führt endlich dorthin, wo der andere die Menschen gerne hinträumen möchte.

Josefine M.: Der alte Strotter war mein Vater! Im Gasthaus ließ ich ihm erst viel schwarzen Kaffee geben. Vater! Herr Vater!! Kennens mi denn nimmer? I bin ja die Pepi! – Er fuhr mit seiner schmutzigen, alten Hand über mein Gesicht. Ah, da schau her, die Pepi. Die ganze Nacht bin ich wachgelegen. Wenn er auch heruntergekommen und ein alter Bsuff war heut, mein Vater war er halt doch! Das letzte, was ich noch auf dieser Welt hatte. Am nächsten Morgen gab ich ihm zehn Gulden, er solle sich ein Gwand kaufen und sich wieder einmal anessen. Ich hab ihn nicht wiedergesehen. Er war schon ganz willensschwach, hat sicher den Zehner sofort verpulvert.

ADOLF H.: Kaum in einer deutschen Stadt war die soziale Frage besser zu studieren als in Wien. Doch man täuscht sich nicht. Die Unsicherheit des täglichen Brotverdienstes erschien mir in kurzer Zeit als eine der schwersten Schattenseiten des Lebens.

RUDOLF H.: Schon bei den ersten Verbrennungen im Freien zeigte es sich, daß auf die Dauer dies nicht durchzuführen sei. Bei schlechtem Wetter oder starkem Wind trieb der Verbrennungsgeruch viele Kilometer weit und führte dazu, daß die umwohnende Bevölkerung von den Judenverbrennungen sprach, trotz der Gegenpropaganda der Partei. Weiterhin erhob die Luftabwehr Einspruch gegen die weiterhin in der Luft sichtbaren nächtlichen Feuer.

ADOLF H.: Ich glaube heute fest daran, daß im allgemeinen sämtliche schöpferische Gedanken schon in der Jugend grundsätzlich erscheinen. Sie liefert die Baustoffe und Zukunftspläne, aus denen das weitere Alter die Steine nimmt. Alle Verfolgungen der Bewegung und ihrer einzelnen Führer, alle Lästerungen und Verleumdungen vermochten ihr nichts anzuhaben. Die Richtigkeit ihrer Ideen, die Reinheit ihres Wollens, die Opferwilligkeit ihrer Anhänger haben sie bisher aus allen Unterdrückungen kräftiger denn je hervorgehen lassen.

Der Dialog besteht ausschließlich aus Originalzitaten. Sie sind folgenden Büchern entnommen: Adolf Hitler „Mein Kampf“; Rudolf Höß „Kommandant in Auschwitz“; Josefine Mutzenbacher „Die Lebensgeschichte einer wienerischen Dirne, von ihr selber erzählt“ und „Meine 365 Liebhaber“.

Peter Erlach

Buba I

Die linke Zensur

Geboren 1942 in Hamburg
Als Kind Erlebnis der Luftangriffe auf die Stadt, dreimal „ausgebombt“
dann Evakuierung nach Bayern
Die Mutter ist Arbeiterin, zuerst in US-Kasernen, dann in deutschen Fabriken
Schulbildung: erst drei Jahre Volksschule, dann die Hilfsschule
Versuche einen Beruf zu erlernen scheitern
Mehrmals Fluchtversuche, wird aber halbverhungert von der Polizei wieder eingefangen
Dann Hilfsarbeiter, Verkäufer der Bildzeitung am Werkstor einer Fabrik
Wird Kommunist, arbeitet in politischen Gruppen, lebt von Gelegenheitsarbeit
Berührung mit dem Theater
Wegen „Arbeitsscheu und Asozialität“, in Wirklichkeit aber wegen seiner politischen Aktivität, wird er in eine Irrenanstalt gebracht und dort „begutachtet“ *)
Flucht ins Ausland und, als diese scheitert, verbirgt er sich bei einem Wandertheater (dem heutigen Hoffmanns Comic Theater), danach in einer Kommune
Danach Flucht nach Sizilien, auf die Insel Lampedusa, wo er in einem von der deutschen Wehrmacht zurückgelassenen Haus mehrere Jahre lebt, in völliger Abgeschiedenheit.
Rückkehr nach Deutschland, theoretische Arbeit.
Gründung des Gefangenenrats 1975 verhaftet und zwei Jahre in Untersuchungshaft in Frankfurt und Butzbach
1977 Haft bis zum Prozeß, der noch nicht stattgefunden hat, unterbrochen
1977—1978 mit anderen Arbeit an einem „Ratgeber für Gefangene“, der dieses Jahr erscheinen soll
Lebt vom Abschreiben von Dissertationen

*) ich bin auch — ich habe keinen Grund es zu verbergen — damals „vorläufig“ entmündigt worden. Es kam eines Tages ein Brief vom Amtsgericht, wonach ich schwachsinnig und latent hebephren wäre. Im Rahmen eines Verfahrens wegen „Geheimbündelei“.
„Geheimbund“ war ein Aktionskomitee gegen atomare Aufrüstung.

Am 2. Juni 1976 erschoß der zu lebenslänglicher Haft verurteilte Gefangene Günter Hanisch im Gefängnis Butzbach den Direktor des Gefängnisses, mit einem selbstgebauten Schußapparat. Kurz darauf erschoß sich der Oberverwalter desselben Gefängnisses mit seiner Dienstpistole.

Buba I

Der Präsident war sehr unscheinbar: klein, dick, mit einem charakterlosen faltigen Gesicht, das aufgedunsen und schwammig wirkte. Es war überhaupt nichts besonderes an ihm, er ging in der Gruppe, die um ihn herum stand, ganz unter, als etwas nebensächliches. Jedenfalls solange er schwieg. Und im ersten Augenblick schwieg er, schien auf irgendwen zu hören, der ihm ins Ohr flüsterte. (Sie alle, diese Würdenträger, standen an dem Pult gedrängt wie in einem Faß und stießen mit den Bäuchen aneinander.) Seine Backen hingen schlaff herunter, dazwischen eine scharfe, große Nase. Es war wirklich nichts außergewöhnliches an ihm — bis ich ihn sprechen hörte. Was er sprach — und vor allem: wie er sprach — machte ihn erst bedeutend, wirklich geradezu genial. Er sprach in einem singenden, gedämpften Tonfall, mir fällt dazu nur ein scheinbar unpassender, aber wirklich zutreffender Ausdruck ein: seine Stimme war ‚zärtlich'. Er redete so leise und behutsam und unendlich gütig. Alle sind gerührt, wenn er redet. Er scheint nur auf diese Art, durch sein suggestives Reden unentbehrlich zu sein. Neben ihm stand der „Befehlshaber", ein langer Mann ohne Gesicht, aber in Uniform, mit einem Hut auf dem Kopf. An den Rändern seiner Uniform und auch seines Hutes glänzten Borden.
Der Präsident verließ mit seinem Gefolge die Halle und trat auf die Straße. Es hatte geregnet, und die Straße war in einen braunen Schlamm verwandelt worden. Ihre Konturen verschwammen im Schmutz. Es hatten sich braune Lachen gebildet. Gegenüber sahen wir die Wand der anderen Halle, davor etwas grünes feuchtes

Gras, und weiter hinten: die Grenze — die Betonmauer mit den Wachtürmen. Der Befehlshaber stakte mißmutig im Schlamm herum, der seine Uniform verdreckte. Er benahm sich ganz närrisch, schien dann selbst über sich zu lachen und salutierte immerzu, während die anderen sich vor Lachen bogen wie Würmer. So standen sie alle mit den Füßen im Schlamm und lachten.
Ich sah ihn von meinem Aussichtsplatz unter der Dachrinne früh durch die Gitter kommen. Immer schleppte er die Aktentasche, die er abends hinausgetragen hatte. Die Akten begleiteten ihn überall hin — wahrscheinlich nahm er sie auch mit ins Bett. Kadaver halbverfaulter Körper, die kaum noch Blut in sich hatten und sich jeden Tag in ihrer Lauftrommel im Hof wieder etwas Leben einhauchten, sie lagen vor ihm ausgebreitet auf einem weißen Laken und er konnte sie betrachten.
Wie er mich betrachtete, als er mich in meiner Arrestzelle aufsuchte. Er betrachtete mich, und gleichzeitig betrachtete er die Akte, die ihm der Befehlshaber entgegenhielt. Er verglich mich mit der Akte, und in dem engen Raum eines Tresors, in dem ich die Nacht zuvor fast erstickt wäre, begann er seine seidenweiche Stimme zu spinnen, als befänden wir uns in bester Gesellschaft: „Der hessische Minister hat angeordnet, Sie hierherzubringen. Wir werden Ihnen hier ein Bett hereinstellen und alles was Sie brauchen. Wollen Sie Zigaretten?“ Er erkundigte sich nach dem Medikament, das mir der Sanitäter verabreicht hatte, damit ich mehr Luft bekommen sollte. Es lag aber nicht an meiner verstopften Nase, sondern hier befand sich keine Luft, es war ein Tresor, ohne Fenster, luftdicht, mit Heizung. Die Gesellschaft, teils in Zivil, teils in Uniform, debattierte nun einige Zeit über die Luft. Man prüfte, wo sie herkam, wo sie hinging, wieviel Kubikmeter sie betrug, wieviel davon verbraucht wurde. Meine Nase war etwas eingeklemmt durch einen Nasenbeinbruch, sodaß man in Betracht ziehen mußte, daß sie nicht genug Luft einsaugen konnte, wenn es welche gäbe. Aber die Luft ging hauptsächlich durch die Heizung, ich hatte das Gefühl, daß keine da ist. Ich hielt

meine Nase an einen Spalt der Panzertür gepreßt, aber das half nichts. ,,Wir sind hier im Moment etwas beengt. Aber vielleicht finden wir noch etwas Schönes für Sie.", sagte der Befehlshaber. Sie gingen wieder. Die Zwischentüren ließen sie offen, sodaß ich mich in einer geräumigen Zweizimmerwohnung befand. Nur ohne Fenster und die Einrichtung halb Schlachthaus, halb Geldschrank. Das Bett aus Beton. Auf dem Fußboden Reste von Blut und ein Wasserschlauch, mit dem man es wegspülen konnte.
Von dem Ort, wo ich mich befand, sah ich zunächst nichts. Man hatte mir auch meine Brille weggenommen. Im Hof trottete ich die zwanzig Meter auf einer geraden Linie zwischen zwei Wächtern, die aufpaßten, daß ich keinen Schritt daneben machte. Das Gebäude, in dem ich herumgeführt wurde — das erste Mal halb geschleppt von zwei Wächtern mit Knüppeln in den Händen — war eine Art Bahnhof — eine riesenhafte Halle, die sich nach drei Seiten verzweigte. Ein trübes Licht von oben fiel auf graue Fliesen, die immerzu von müden alten Männern gefegt wurden. Und Reisende mit Bündeln, die irgendwohin unterwegs waren, das Gesicht blicklos — der Blick solcher, die es sich abgewöhnt haben, ihre Umgebung genauer anzusehen, als es zur notwendigsten Orientierung nötig ist. Ein Blick, der auf das meiste verzichtet, was er sieht. Oder Wartende vor Gittertüren, wie in jedem Gefängnis, der Stau vor jeder Tür, die zugeschlossen ist. Denn hier war auch innen alles vergittert: die Galerien, die Treppen, die Flure — Gitter überall. Nur horizontal war nichts vergittert, man konnte sich von der vierten oder fünften Galerie in die Tiefe stürzen, ohne von einem Gitter aufgefangen zu werden.

Nach kurzer Zeit hatte ich begriffen, daß ich mich an einem Ort befand, der jenseits meiner bisherigen Vorstellung lag. Vielleicht in der Vergangenheit, ich hatte darüber in Büchern gelesen. Es gibt selten einen Ort, wo man umgebracht wird, hier war der Ort. Es war der Tod, der Sterbeort, eingerichtet zum Sterben, vielmehr sterbenlassen, Getötetwerden und als Alternative: sich selber töten. Ich bekam Angst vor dem Blick in den grauen Abgrund in der Halle. Der Abgrund unten, in dem viele verschwunden sind, und das trübe Licht von oben — Freiheit und Tod, die beiden extremen Punkte des Entrinnens. Dazwischen das Leben, das noch übrigbleibt, auch tot, aber man lebt. Man versucht es mit Hilfe von Gymnastik, Kreislauftraining, — denn nach einiger Zeit ist man bei der geringsten Aufregung kollapsanfällig. Das Blut versackt, das Herz hämmert in einem Körper, der schon Leichnam ist, die Sinne konzentriert auf das eigene Fleisch, das den Dienst versagt, es wird dunkel vor den Augen, man sieht nichts mehr, man fällt um.

Kranke rebellieren nicht, wenn die geringste Aufregung sie umbringt. Nach kurzer Zeit war ich so weit. Ich hatte nur noch den Gedanken, nirgendwo umzufallen, meine Luftzufuhr zu regeln, meinen Kreislauf in Ordnung zu bringen. Der Körper hatte sich von mir entfernt, er führte ein eigenes Leben, er setzte aus. Plötzlich hörten die Augen auf zu sehen, sie wurden trübe, dann schwarz, dann blind, und sie blieben minutenlang blind, während ich drauf wartete, umzufallen, tot zu sein. Die Sprache verdunstete in der Kehle, die Bewegungen stießen aneinander und wurden konfus, die Haut bekam die Blässe von Leichen, die ich an andern bemerkt hatte.
Ich begann zu phantasieren. Meinen Tod, den ich in den Gittern der Oberlichter und auf den gefegten Fliesen sehen konnte. Die lebenslängliche Zeit als den Klang einer Spieluhr, die Totenuhr, die uns früh weckte und die jeden unserer Zeitintervalle am Tag durchschnitt und uns abends bei „Licht aus" in unser Grab sang, ein nächtliches Zellengrab mit Träumen, die es verlernt haben, von draußen zu träumen. Der Tod war der Geruch, der Geist, die Aura, den dieses Haus hatte. Es roch nach Tod. Jemand wollte wissen, daß in einem bestimmten Raum die — vorschriftsmäßigen — Särge für die Lebenslänglichen gestapelt waren. Einer meiner ersten Orientierungsversuche beschäftigte sich mit dem Kremato-

rium, das es hier irgendwo geben mußte. Ich sah die Erschießungsmauer, an der man während des Krieges Gefangene erschossen hatte. Sie war efeubewachsen, mit einem Wasserfall grüner Blätter bedeckt, in der Friedhofsruhe des Vorhofs, den ab und zu ein Besucher mit Blumen überquerte, um sie an unserem Grab niederzulegen. Zwei Welten, eine lebende und eine tote, aber die lebende nicht greifbar. Man konnte sie durch die Gitter des Fensters sehen, wenn man durch das Fenster irgendetwas sah. Ich sah sie später, bis zu den Hügeln des Taunus, die Autobahn, die Dächer der Stadt, die Wiesen um die Stadt, einen Waldrand, Himmel, Menschen. Aber das Bild stand still, es war nicht das, in dem ich lebte, sondern das Bild meiner Vergangenheit, ein Rest davon. Die wirkliche Welt bestand aus einem Schacht mit grauglänzendem Boden. Um diesen Schacht liefen die Galerien, auf denen sich unser Leben abspielte, eingezwängt in Käfigen, das Leben von Ratten, die ab und zu durch Laufgitter gejagt werden. Und innerhalb dieser inneren Welt gab es noch eine zweite, noch wirklicher als diese: den eigenen Körper, in dem sich das eigene Leben befand, in dem das Blut fließt und stockt, die Augen sehen und ab und zu blind werden, — das Leben der eigenen Substanz, eigenes Fleisch, das Leben, das nur noch sich selbst kennt, die letzte, die materielle eigene Welt des Körpers vor dem Tod.
Den Knall, den ich hörte, brachte ich sofort in Verbindung mit dem Tod eines Menschen. Jemand hatte sich die Galerie hinuntergestürzt, sein Körper war aufgeschlagen unten, in meiner Vorstellung auf Blech, hatte ein Blech durchschlagen, denn es klang nach einem Blech. Tatsächlich aber war es der Schuß gewesen, der den Körper Künkelers aufgerissen hatte. Ich sah den Wagen, in dem er wegtransportiert wurde. Die Sanitäter und hintendrein der stolpernde Arzt mit der Blutkonserve. Die Front der Mauer mit den Löchern begann lebendig zu werden, es unterhielten sich welche, „Patsch, patsch, wie eine Schmeißfliege, haha!", ich wußte immer noch nicht, was los war. Später im Hof, erfuhr ich es von

den anderen: ein Gefangener hatte den Anstaltsleiter erschossen. Sein oberster Offizier erschoß sich ein paar Tage später selber. Unsere Wächter trugen schwarze Bänder an der Uniform und waren stumm vor Angst. Sie bewegten sich nur noch in größeren Gruppen im Zellenhaus, zu viert, zu fünft, zu sechst. Beim Arzt, vor dem Verwaltungsbau, vor dem Besuch Leibesvisitation. Praktisch alle Bewegungen innerhalb des Zellenhauses wurden verboten, eine Zeit des Ausnahmezustandes begann, Verlegungen, Bunker, Verhöre, Durchsuchungen, Razzien, die Gespräche verstummten, der Haß blieb — der Haß der Toten auf die Lebenden, auf die Totengräber, die uns begraben hatten, die uns hier verscharrt hatten.

Der nächste Gottesdienst war die Totenfeier für den Anstaltsleiter und seinen Befehlshaber. Sie war gut besucht. Alle waren diesmal gekommen. Alle standen sie auf und sangen einen Choral.: „Er hats verdient, der arme Hund!“, hörte ich einen neben mir sagen.

Die linke Zensur

Noch keine Antwort auf die Frage, wie man gegenüber linken Verlagen und Zeitungen die Nerven behält.

Es hat, seit es Geschriebenes gibt, auch die Zensur gegeben. Die Zensur, von der ich hier reden will, ist die neueste aller Zensur: die alternative Zensur.

Es gibt sie, seit es eine Subkultur linker Publikationen gibt. Die Publikationen haben ihren Markt, ihre Verkäufer und Käufer, ihre Kalkulation und ihre strikte Anordnung dessen was sie verkaufen — nach den Vorschriften ihrer Betreiber, wenn „Besitzer" hier das falsche Wort ist. Ich finde es nicht so falsch übrigens. Den alternativen Publikationen, die sich so extrem nonkonformistisch geben, ist zugleich eine strikte Konformität eigen, die alles ausscheidet, was nicht paßt. Die Zeitungsmacher haben so genaue Vorstellung von ihrer Zeitung, daß in ihr schließlich kaum etwas anderes steht als was sie sich vorstellen. Die Rubriken sind festgelegt, und die ausgewählten Manuskripte, die durch das Filter der Selektion hindurchgelangen, haben sich der Diktatur des Layout zu unterwerfen, die sich über alle Texte ausbreitet. Sie macht auch noch den letzten fremdartigen Gedanken zum eigenen Spülwasser. Wie falsch die Ablehnungsgründe sind, die den dauernden Mangel an Platz vorschützen, zeigt sich daran, wie ausgiebig derselbe Platz von der Layout-Diktatur der Zeitungen, Zeitschriften oder Verlage genutzt wird.

Das in immer der gleichen äußeren Gestalt erscheinende Medium ist deshalb auch innen immer das gleiche: es baut auf Konformität, auf Breite, Masse des Umsatzes und deshalb auch auf die Massen. Kein Gedanke darf erscheinen, der nicht die Massen schon ergriffen hat. So bleibt alles an seinem Platz, während die Druckmaschinen ihre Walzen rotieren lassen, die das Weltbild von Gestern ausspeien.

Die Gedanken werden von den meisten Zeitungen schon

von vornherein ausgeschieden. Sie erhalten die Manuskripte gar nicht, die sie zensieren könnten, weil es von vornherein hoffnungslos ist, sie ihnen zu schicken. Der Effekt ist, daß sich die Verfasser auf eine Form ihrer Gedanken einstellen, die der Zeitung, die sie drucken soll, gemäß ist: sie üben Vorzensur, Selbstzensur. Wer nicht in das Sortiment einer linken Publikation sich einpassen will, hat keine Aussicht. Das Bewährte bleibt auch hier von allem Ausgeschiedenen übrig; wo die Kritik verstummt, redet umso lauter die Scheinkritik und der Opportunist.

Was der Redaktion an Manuskripten noch zufließt, wird dem Ritual des Redigierens unterworfen. Da die alternativen Zeitungen und Verlage von Leuten gemacht werden, die so genau wissen was sie wollen, lehnen sie auch alles ab, was sie nicht wollen. Sie zensieren. Sie breiten ihr Prinzip über ihre Machtzone aus wie eine Dunstglocke.

Beispiele: Ein bekannter linker Verlag, der mir Zensurauflagen macht — aber mir außerdem verbietet, irgendjemand davon etwas zu sagen (wobei das dann nicht gedruckte Buch das Erpressungsmittel ist). Ein Redakteur einer alternativen Zeitung, der mir alles Wesentliche aus meinem Artikel weggestrichen hat und mir dann das Angebot macht: Entweder so oder überhaupt nicht! — Das sind die Diskussionen, die zwischen einem der hat (die Produktionsmittel) und einem der nichts hat (mir in diesem Fall) möglich sind. Oder monatelange, jahrelange Diskussionen um Projekte, von denen schließlich nichts mehr übrig ist als eine eingeebnete Basis, auf der auch keiner mehr Lust hat etwas zu machen. Auf diese Weise werden von linken Verlegern, Lektoren, Redakteuren Projekte, Ideen, Intentionen totgeredet, ohne daß sie es merken. Der Geist, den sie durch ihre ständige Einmischung vertrieben haben, ist ihnen so fremd, daß sie seine Abwesenheit nicht mal bemerken! Als tote Körper, ausgezehrt von allen neuen Ideen, erscheinen dann Bücher. Aber man kann sie noch lesen. Man kann sie noch verkaufen. Man hält sie sogar für gut. Was an

ihnen gut ist, ist es ja auch schon so lange. Nur der Autor selber sagt über sein Buch, das es beschissen ist. Es gibt dafür bekannte Beispiele.
Wer sich nicht auf Zensur einläßt, wird ihr drop out, er wird stillgelegt. Er verschwindet in der Zone des Schweigens, des Samistad. Aber leider gibt es nicht einmal den Samistad. Was käme alles hervor, wenn es ihn gäbe!
Nicht nur die Inhaber dieser Macht über Ideen sind es durch ihre fixe Geschäftstüchtigkeit geworden (durch bourgeoise Fähigkeiten: des rabiaten Durchsetzungselans, des sicheren Auftretens, der Fähigkeit, seine Chancen immer genau einzuschätzen, einer angelernten Besserwisserei und Großsprecherei) — sondern auch die Autoren werden zu Autoren, weil sie soviel Geschicklichkeit besitzen, wie man dazu braucht. Andere werden es nicht. Vielleicht hätte die Literatur derer, die es nicht zu ihrer konventionellen Verwertbarkeit schaffen, mehr mit ihrer Zeit zu tun als die von Wagenbach und Rotbuch. Vielleicht sind die Bücher, die keine Nachfragechance haben und deshalb nie gedruckt werden, wichtiger für unsere Orientierung als solche, die wir schon kennen, bevor wir sie gelesen haben. Vielleicht wären die Nachrichten, die nicht als Nachrichten zu fassen sind (in einer Zeit, wo wir schon genug davon haben), wichtiger als noch ein Bericht von noch einen Vorfall und noch ein Kommunique von noch einer Gruppe. Das Ende aller Nachrichten, wo wir endgültig genug davon haben, kommt näher, aber was man stattdessen sagen könnte ist noch gefangen im Papierkorb.

Oskar Panizza
Die kriminelle Psychose, genannt Psichopatia criminalis
Hilfsbuch für Ärzte, Laien, Juristen, Vormünder, Verwaltungsbeamte, Minister etc. zur Diagnose der politischen Gehirnerkrankung

Roland Barthes
Über mich selbst

Aus dem Französischen von
Jürgen Hoch

Medusa

Die Doxa, das ist die gängige Meinung, der wiederholte Sinn, *als ob nichts gewesen wäre.* Medusa: sie versteinert die, die sie ansehen. Das heißt, daß sie *einleuchtend* ist. Wird sie gesehen? Nicht mal das: sie ist eine gallertartige Masse, die tief auf der Netzhaut haftet. Und das Heilmittel? Als Junge badete ich einmal in Malo-les-Bains, das Meer war kalt und von Medusen heimgesucht (welch verrückte Idee hier baden zu wollen? Wir waren in einer Gruppe, was alle Feigheiten rechtfertigt); so oft kamen wir mit Verbrennungen und Blasen bedeckt zurück, daß die Inhaberin der Badekabinen uns ungerührt einen Liter Chlorwasser nach dem Bad reichte. Auf die gleiche Weise könnte man sich ein (verdrehtes) Vergnügen an den gängigen Produkten der Massenkultur vorstellen, wenn man nur nach einem Bad in dieser Kultur jedesmal, als ob nichts gewesen wäre, tiefreinigende Worte zu hören bekäme.